漫畫圖解版

說謊心理學

精神科醫生
YUUKI YUU 監修
蕭辰倢 譯

說謊

人什麼時候會說謊？說謊者有何特徵？

撇開騙婚、敗德商人那類觸犯法律的謊言不論，其實所有人都會撒下不犯法的輕度謊言。舉例而言，相信不少人在早上睡過頭遲到時，都會謊稱「電車誤點……」藉以自保；在收到不太喜歡的禮物時，也會考慮到對方的心情，佯言「我早就想要這個了」。

德國心理學家威廉·史登（William Stern）為謊言下的定義是：「為達成某種目的而欺騙，意識性的虛假（即不真實）發言」。所謂說謊，即是「令人將子虛烏有的事情或贗品視為真實」。若想靈活運用謊言，甚至，也為了不受人所騙，就必須先充分了解謊言。

人會為了保護自己、虛張聲勢而說謊
那種男人我才不甩他呢！
有時也會為顧及對方而說謊
我早就想要這個了
這我已經有了……

謊言的類型
▶P16

說謊者的三大特徵

史登認為說謊者有以下 3 種特徵。
不想上當受騙，就得先摸清說謊者的考量與目的。

1 具備虛偽的念頭

虛偽也就是「有意識地以假（即不真實之事）亂真（事實）」。換句話說，說謊者其實心知肚明，自己所說或所寫的內容無關事實。

家母突然
生病了……

特別算您
便宜♫

2 企圖蒙騙

企圖使對方相信虛假、違背事實、有誤的情報。換句話說，說謊者是意圖性、計畫性欺騙對方的人。

3 說謊目的很明確

說謊目的很明確，例如為獲取自身利益、逃避非議與責難，或為保護自己等。不過，謊言未必全是為了個人利益，有時也會為了他人、群體、團隊而說謊。

※當說謊者自身也信以為真，如誤會、口誤、記憶出錯等情形，這些情況嚴格算來並非說謊。

那個人在背後
說你壞話喔！

說謊

心理學知識能助你看穿他人的謊言

企圖說謊的人，表面舉止並不會像個騙子，毋寧說，他們看起來大概就像老實又誠懇的人。倘若未能慎重以對，就很可能會遇上詐欺、遭人騙取錢財或者受到背叛，還得承受劇烈的精神打擊。

在這種時刻，心理學知識將能助你一臂之力。人在緊張或感覺不安時，總會碰觸自己的身體，試圖恢復平靜（這稱為「自我碰觸」）。此外，就算動作並不明顯，有時從眼神移動、聲調、臉色等處，也能循出謊言的蹤跡。學習心理學，就能從這類微不足道的線索，解讀出對方的隱藏心理。

心懷惡意的騙子，懂得巧妙說謊

心懷惡意的騙子，懂得巧妙說謊，他們會適度揉合事實，一面調整語氣，或營造出隨意挑選資訊的形象等，將對方反應導往自身期望的方向，也是他們的拿手戲。

講到B小姐啊……
Ⓑ
她很優柔寡斷，讓人煩躁！
Ⓐ
雖然是個好人，但總覺得有點不乾不脆的呢……

就算講述的是相同內容，只要像Ⓐ和Ⓑ般改變語氣和資訊量，就能帶給人不同的印象。

運用心理學，就能洞察謊言

心理學這門學問，會從行為、身體狀態等處，科學性地解讀目所難視的人心。人並非只靠語言溝通，包括架式、說話方法、姿態以及與對方的距離等，都散發著許許多多的資訊。

學會了心理學的思維方法與知識，就能從動作、手勢等處，理解對方的隱藏意圖。在謊言滿天飛的世間，心理學知識將成為你的一大助力。

■從外在和舉止顯露出的謊言痕跡

說謊時通常都會產生罪惡、內疚、著急等情緒，並會在無意間流洩出來。只要留意這些外顯變化，就能看穿謊言。

謊言會在手腳和目光移動中現形

不是，
那是因為……

在表情和姿勢上現形

我不知道
我不知道啦

從外觀和舉止看穿謊言
▶P98～101

謊言也會在說話方式上現形

要不要去吃點東西？
不說那個了

談話流露出的謊言跡象
▶P104～107

說謊

謊言能改變自己，改變人際關係，使戀愛開花結果！

不論如何，謊言都有種負面的感覺，但其實也有一些「好謊言」，能夠鼓舞自己、增進人際關係、使戀愛旗開得勝。

人不僅會為他人所騙，也會對自己說謊並且還真的上當。舉例而言，如運動賽事等緊張到不行的時刻，我們就會告訴自己「絕對辦得到！」來形成自我暗示，以發揮出超乎實力的力量。另外，即便是在說謊，我們也會去稱讚他人、給予特別待遇，藉以激發對方的能力，或使對方對我們產生好感。更甚於此，若能巧妙運用謊言，就連戀愛都能一帆風順。

既然都要說謊，不如就說些積極正面、能帶來美好結果的謊言吧。

用謊言使自己更接近目標

提升自身實力的一個方法，就是設定更高階的目標，
並在眾人面前公開表示自己將會達成。
對自己說謊，其實可以激發力量。

我下次考試要考前十名！
GO!Go!—

既然已經在大家面前誇下海口，就只能努力了

公開承諾
▶P78

某些「好謊言」能增進人際關係

無論是誰，都渴望能被好好看見。
即使是謊言，若能受到稱讚或特別待遇，
人就會變得更有精神，對稱讚自己的人抱持好感。

吹捧對方的謊言效果極佳

山田你一定辦得到!!
交給你囉~
好的!

感覺自己受到重視，對於稱讚自己的人，好感度也會提升

霍桑效應
▶P138

託人事先灌輸「正面情報」

哪怕說謊也好，只要事先提供「長得很像誰誰誰」、「大家都說很有型」之類的關乎外貌的資訊，將可收極佳效果。
當人事先有了特定印象，在實際見面之後，就會更容易印證那番印象。

事先灌輸美好的形象，隨著時間過去，那份資訊將會強烈地留存於記憶當中

交給他保證安心
因為他很可靠
嗯，看起來很能託付

睡眠者效應
▶P179

我要追隨像前輩這種正直的人！
我也是！
呵呵呵……
這樣一來，齋藤小姐的聲望就會一落千丈了吧
雖然我全是亂掰的

隆司！你偷吃冰箱的蛋糕齁！
不是我啦！是、是剛剛不知道哪來的小孩吃掉的！
所以才吃不下飯吧!?

PART 2 這世間充滿了謊言

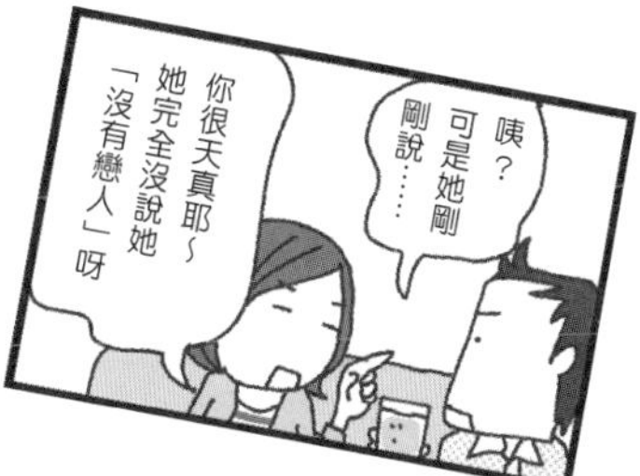

咦？可是她剛剛說……
你很天真耶～她完全沒說她「沒有戀人」呀

嗯？我怎麼了嗎？
咦!?啊？

奇怪了
怎麼會這樣？
印象中
他明明更帥
一點才對……
西東秀司
畢業紀念冊

PART 7

以謊言維繫人際關係的心理

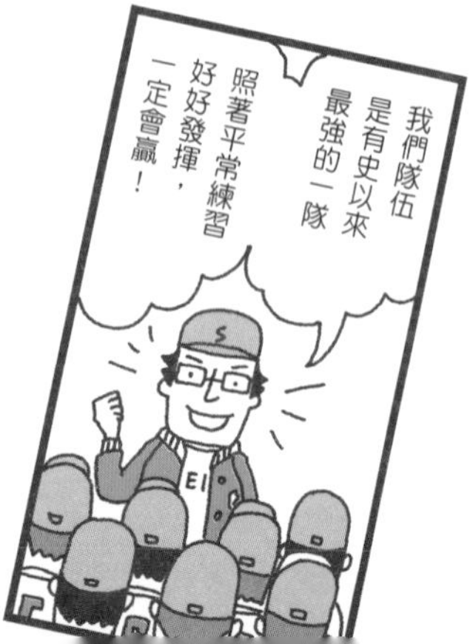

我們隊伍是有史以來最強的一隊
照著平常練習好好發揮，一定會贏！

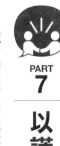

CONTENTS

PART 8

戀愛勝券在握的謊言心理技巧……161～184

洞察人心！心理測驗

本書使用方式

本書搭配常見情境漫畫，收錄了大量的心理學知識。每篇都只有兩頁，請先從喜歡的篇章試讀看看。

❶主題

該篇的大主題。從在意的主題開始讀起即可！

❷漫畫

以漫畫介紹常見行為及心理。你說不定也會對某些情境心有戚戚焉!?

❸解說

介紹與漫畫情境相關的心理學知識。

❹圖解

透過視覺介紹該主題的關鍵內容。「心理檔案」會介紹實際有過的心理學實驗，同樣值得矚目！

❺小情報專欄

想加深認識心理學的人，可在此找到大量補充資訊。

小知識：介紹補充資訊、相關心理學理論、與主題有關的小小素材。

用這招！心理技巧：講解該篇介紹的心理學，該如何在日常中應用。

❻WORD

統整重要關鍵字以及心理學用語。

PART

1

人是這樣學會説謊的

人為什麼會説謊？從什麼時候開始學會説謊呢？
面不改色説著謊的人在想什麼？
讓我們一同思考與謊言相關的各種簡單疑問。

說謊理由 01

人說謊的4大理由

人類365天都在說謊度日

人為何說謊？4大理由

相信絕沒有誰不曾說**謊***。人跟謊言的關係，就是這樣切也切不斷。

若從目的來分類，謊言大致上分成**①防禦**、**②逞能**、**③欺瞞***、**④擁護**等4大類型。舉例而言，明明是睡過頭才上班遲到，卻拿「電車誤點」當藉口，就屬於為自保所說的①防禦之謊。

另外，去探望大病之人，為了幫對方打氣鼓勵，就算對方的氣色再差，也會說出「比想像中更有精神耶」等等話語，這可說就是發揮著④擁護之謊的效用。

我們不應認定「說謊就是壞

WORD 謊：虛假的言語。將不真實之事說得宛如事實，欺騙他人。

謊言有 4 大類型

謊言可分為以下 4 類，
人會依情形分別使用這些謊言。

❶ 防禦之謊

用來保護自己的謊言。這是一種本能，因此很難判斷善惡、真偽或以道德感去壓抑。

❷ 逞能之謊

用來壯大聲勢的謊言。想掩飾不堪祕密的謊言，也符合這個類別。

❸ 欺瞞之謊

透過欺騙他人來獲得自身利益的謊言。有時也會變成詐欺等犯罪行為。

❹ 擁護之謊

用來庇護他人的謊言。因判斷說謊比誠實更能守護他人而說謊。

事」。在這4類謊言中，③欺瞞之謊經常會跟詐欺等犯罪行為扯上關係；但在競爭的社會裡，有時也會被視為自身勝過他人所需的「戰略」。

當有誰對你說謊，或者自身說了謊等，不妨試著冷靜分辨它是屬於①～④中的哪類謊言。**這也能幫助你認識他人和自己的性格。**

小知識 日本人很放縱謊言？

在日本，包括「說謊亦方便」、「傻老實」等，都是在允許說謊或揶揄過分誠實的詞句。由此可見，若要擁有圓滑的人際關係，誠實跟謊言的效力都應該同等重視。

WORD 欺瞞：說謊欺騙。人除了欺騙他人，有時也會欺騙自己。

說謊理由 02

人從什麼時候學會說謊？

假哭、裝作沒聽到都是小事一樁

乖乖乖，怎麼啦？
哇—啊
哇—啊
沒有眼淚
乖喔乖喔
……
微笑
嗚—嗚
嗚—嗚
小昂已經長大了，不可以哭喔
馬上停止
咕

謊言會隨著年紀進步

你知道嗎？就連天使般**純潔**＊的嬰兒，也是厲害的小騙子。

舉例而言，明明在哭卻沒有眼淚，換句話說就是**假哭**，嬰兒從滿1歲之前就已經會了。

嬰兒的哭聲，本來就是為了生存，因而顯得不可或缺。包括肚子餓了、尿布濕了等，無法說話的嬰兒，會**透過大聲哭嚎**，**將不適的心情傳達給父母知道**。

不過，正因哭泣能明確吸引父母的關切，嬰兒也懂得假哭。

此外，據說當嬰兒做錯事情，感到「好像會被罵」的時候，也會**採取某些行為**，**不露聲**

WORD 純潔：不帶汙穢、純粹。心靈純淨的狀態。

孩子的謊言與應對方法

面對孩子說謊，若未適切處置，
也可能會發展為說謊成性的狀況，
大人必須充分教育與引導。

好的謊言（孩子特有的謊）

●幻想之謊

說出「我跟貓咪說話了」等，在現實中不可能發生的事情。幼小的孩童無法區分幻想和現實，有時會誤將自己的想像當成真正發生過的事情。

●願望之謊

明明沒跟父母約定，卻對朋友說「爸媽答應下次要買玩具給我」等。當「如果能這樣就好了」的希望過於強烈，有時會信以為真。

父母必須持此態度

別質疑「你在說謊吧」、「不要亂說話」，而要認真聆聽孩子的想法。這也能幫助孩子發展想像力。

必須留意的謊言

●保身之謊

害怕被責備而說謊。對自己做的錯事佯裝不知情，或怪到別人頭上等。

●虛榮之謊

想受到周遭認可、吸引他人注意，因此說謊誇大自己。例如想讓朋友覺得羨慕，而說自己「擁有」其實沒有的東西等。

父母必須持此態度

別不分青紅皂白地責罵。重要的是適當說明，說謊會使他人困擾，對自己也並不是好事。

色地轉移父母的注意力，或者「裝作沒聽到」。

隨著嬰兒進一步成長，說謊能力也會逐漸提升，例如會將幻想或願望說得像是真正發生過、藏起祕密、將自身的惡作劇說成別人的錯等。

儘管如此，這並不需要擔心。對人類這種**社會性動物**＊而言，謊言是一種重要的溝通手段。我們也可以將**學會巧妙說謊，視為一個人的成長證據**。

小知識 假哭的理由？

嬰兒會假哭，背後也確實有著寂寞、睏、肚子餓等等理由。別因為是假哭就置之不理，記得要逗逗孩子，採取適切應對，讓孩子感到安心。

WORD 社會性動物：為了適應生存，而以群體組成社會的動物。除人類之外，還有猿猴、狗、蜜蜂、螞蟻等。

說謊理由
03
孩子的謊與大人的謊
孩子從什麼時候開始懂得「說謊亦方便」？

4歲前後 罪惡感就會萌芽

在社會上，眾人的思考方式全都相異，卻又得與彼此牽絆，因此誠實有時反倒會意外引發摩擦。大人為了適應這樣的社會，就會在各式各樣的場合中，硬著頭皮說謊。

另一方面，尤其是在**幼兒期的孩童，則會經常在自身不自覺的狀況下說謊**，這是跟大人謊言的一大差異。

例如在3歲左右，就會經常碰到孩子想著「如果能這樣就好了」，而**將幻想或願望當成既有事實來講述**的例子。

孩子成長到4歲後，也會開

心理檔案❶

孩子會向大人學說謊

實驗 將3歲至6歲的186位孩童隨機分成2組，讓孩童體驗以下2個階段。

1

A組 事先說明「隔壁房間有許多糖果」。接著馬上告訴他們「有很多糖果是騙人的」。

B組 完全不曉得關於糖果的情報。

2

❶ 進行遊戲，從玩具發出的聲音或臺詞，猜測該玩具是何種卡通人物。

❷ 大人暫時離席，並先指示「不可以為了聽得更清楚，而去調高玩具的音量」。

❸ 大人在1分半後回到房間，詢問「你們有沒有調高玩具的音量」。

結果

A組 5歲以上的孩子，有80%都調高了音量。不僅如此，之中更有90%都謊稱「沒有調高玩具的音量」。

B組 整體有60%的孩子調高了音量。其中的60%謊稱「沒有調高玩具的音量」。

由此可知，面對大人事前先謊稱「有糖果」，又說「其實沒有」的孩子們，變得更容易說謊。

始**為了逃避處罰而說謊，或者推託抵賴**。這可說是為了保護自己所說的防禦之謊（▼P17）。

與之同時，孩子也會萌生出「說謊是錯的」、「說謊會被罵」的罪惡感*。

當進一步成長成為小學生時，他們會觀察大人並學習到「可以或不可以說謊的場合、情況」，另外，還可以看到他們明知朋友說謊卻忽略的例子。就這樣，孩子們也學會了「謊言也方便」。

小知識 「說謊亦方便」的意涵

「方便」是佛教用語，指為了將眾生導向真正佛道所使用的手段。由此延伸，說謊雖是壞事，若為獲得好的結果，有時仍須當成必要手段，這就稱為說謊亦方便。

WORD 罪惡感：覺得自己有罪、做了錯事。尤其是憂鬱症患者，就連自己沒有責任的事情，也傾向感到罪惡。

說謊理由
04

先入為主和深信不疑所創造的謊言

大腦很容易「錯想」

那套DVD，你什麼時候要還我？
咦，有這回事？
唉唷
就是之前借你的DVD啊
有人正在等著跟我借
那不是我借的啦
謝啦！這DVD滿有趣的
咦，竟然是你借的？
我就說吧
我想說動畫你一定會想看……
你太先入為主了啦～
也借我看吧

記憶之際、回想之際兩個階段都會產生謊言

你是否曾和別人就著「有說過」、「沒說過」某事而引發爭辯？此事麻煩的地方，在於雙方都會認為「自己是正確的，對方在說謊」。

這類情事是因**人類的記憶並不正確、容易誤會所致**，由此會衍生出兩種謊言。

首先是**記憶情報時的謊言**。人一旦深信「是這樣」，就會想去蒐集剛好可以印證的情報。這樣的心理機制稱為**確認偏誤**＊。

例如第一印象若覺得是「討厭的人」，往後就會老是注意此人的瑕疵之處，這同樣是確認偏

WORD 確認偏誤：用自己的先見之明觀察事物，只篩選對個人解釋有利的事實，進而加深原有的先入為主。

大腦所說的兩種謊言

大腦在記憶與回想時的兩個階段，都會對自己說謊。
把實際上子虛烏有的事信以為真。

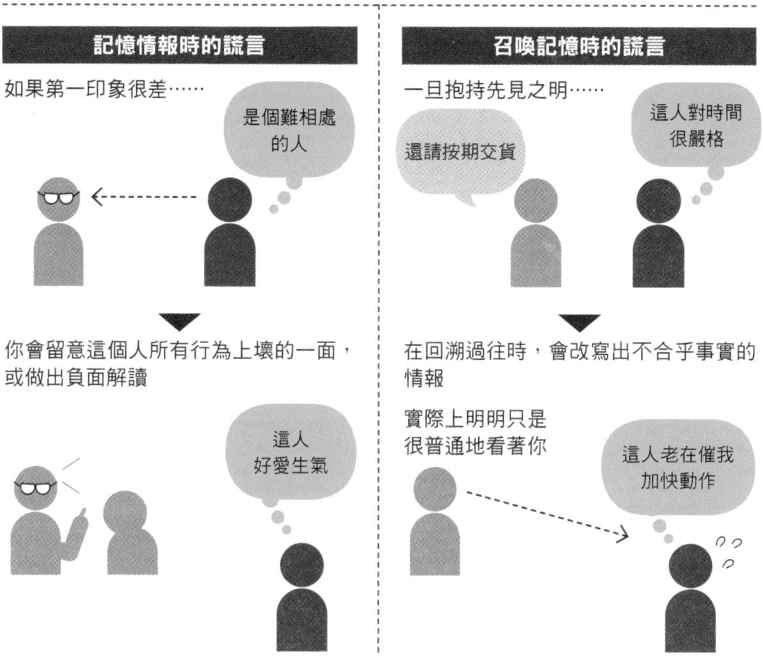
記憶情報時的謊言
如果第一印象很差……
是個難相處的人
你會留意這個人所有行為上壞的一面，或做出負面解讀
這人好愛生氣
召喚記憶時的謊言
一旦抱持先見之明……
還請按期交貨
這人對時間很嚴格
在回溯過往時，會改寫出不合乎事實的情報
實際上明明只是很普通地看著你
這人老在催我加快動作

誤的效力。

接著是**召喚記憶時的謊言**。例如被問問題的時候，話中所使用的詞語，有可能會引發不同於事實的印象，導致記憶當場配合而重新改造。

就像這樣，人的記憶很容易受到左右，因此在回憶重要事件時，必須注意是否受到了先入為主和印象的**誘導***。

用這招！心理技巧

快樂的事忘不了

正面記憶更容易留下，這點目前已經受到了實證。例如「美味」、「歡樂」等，只要伴隨著積極的印象，就會變得難以忘懷。

WORD 誘導：將人或物引導至某地或某種狀態。在詢問時引導對方答出己方所需的答案，就稱為誘導詢問。

初次見面
我是佐藤，上星期剛搬過來
您現在要出門嗎？
哎呀 您好
沒錯，我今天受邀到法國大使館參加派對
什麼!?
大使館!?
因為外子經常去法國進行學會發表
那我先走了 祝妳們順心
再見
好厲害的人喔……
那些，都是假的啦
沒錯、沒錯
她其實單身，而且現在是要去打小鋼珠
啥!?

說謊理由 05

疾病導致的謊言

「說謊成性」不能不管，建議接受專科醫師診治

過度說謊 會使社會生活碰壁

有時會碰到一些人，總說著超出常識的謊言，或說沒必要的謊言、所說之事盡是虛假……。這類謊言有可能是由疾病引起的。

舉例而言，因**記憶障礙**或**定向障礙**（無法理解周遭情況）等所導致的「**高沙可夫症候群**」，患者會想不起昨天發生的事，或搞不清楚自己身在何處。由於患者遺失了部分記憶，便會虛構故事（**虛談**）來填補空白，本人不會自覺是在說謊。

另外，**人格疾患**（▼P27）的特徵也包括說謊。其中**戲劇型人格疾患**＊的患者，便會出於想

WORD 戲劇型人格疾患：採取戲劇般的誇張行徑，或為吸引他人注意而打扮華麗等的精神疾患。

有說謊症狀的主要疾病

若某人會毫無猶豫地持續說謊，
也有可能是疾病所致。

高沙可夫症候群
（Korsakoff's syndrome）

由腦部功能障礙所引起。特徵包括難以記事、無法汲取記憶、時間及空間定向障礙、以虛構內容填補遺失記憶等 4 種症狀。近年經常源於酒精成癮症。

你為什麼
沒來？
突然必須趕去
醫院……
我們
有約嗎？

戲劇型人格疾患

強烈渴望受到他人矚目、獲得關切，為吸引目光而裝模作樣地採取誇張行徑、或者說謊。縱使表面舉止相當活潑，實際上常是缺乏安全感、容易受傷。

我跟某某演員
是酒友……
之前見過
一次而已

反社會型人格疾患

特徵是「反社會性」。傾向為了個人利益或自我保全而面不改色地撒謊。也經常不願遵守規則與法律，對此不會抱持罪惡感。另外也有不顧後果、容易衝動行事的傾向。

意外是你
造成的
雖然我
確實有超速

被他人矚目、過分強烈的**喝采渴望**（▼P35）而去誇大自己並說謊吸引注意。另外，**反社會型人格疾患***的**患者**，則會出於守護自身的**自我保全**而說謊，有時也會破壞社會的規範或法律。

如果認為「某人就是個說謊精，拿他沒辦法」而置之不理，周遭的人早晚可能被捲進麻煩裡頭。身邊若有這樣的人，最好建議他們接受專科醫師的診療。

小知識 神經認知症的謊言

說謊、虛談也是神經認知症的症狀。患者會有「今天還沒吃飯」等發言，這也是症狀的一種。這種情況是疾病導致，重要的是先別生氣，要去理解對方。

WORD 反社會型人格疾患：行為衝動，不考慮後果。對於破壞規則和法律，有較難以感受到罪惡的傾向。

謊言止不住
病態說謊

前篇提到了由疾病所導致的謊言，
被視為騙子、謊言一個接一個的人，之中也有不少是屬於「病態說謊」。

何謂病態說謊？

日常生活必有謊言，但若說著不必要的謊、成日造謊等，超出了限度，對日常生活造成障礙，就可能被診斷為「病態說謊」。此處將介紹病態說謊的主要特徵，以及確認的方法等。

病態說謊 1 成癮症

成癮也稱沉迷（addiction），指的是渴望特定行為、對象、刺激（例如：酒精、藥物、賭博等），導致坐立難安的精神狀態。隨著成癮程度加劇，診斷結果就會從純粹的「成癮」變成「成癮症」。對某種事物成癮的人，為了取得該樣事物，會毫不猶豫地對家人或旁人說謊。

確認酒精成癮程度

CAGE 篩檢問卷※

透過CAGE篩檢問卷，可以簡易判斷是否患有酒精成癮（成癮症）。請回答以下問題。

1 你是否曾覺得必須減少飲酒量？ ☐

2 你是否曾因飲酒被責備而發怒、焦躁不安？ ☐

3 你是否曾因飲酒而感到內疚、抱持罪惡感？ ☐

4 你是否曾於晨間飲酒，或借酒解酒？ ☐

在四個項目中若符合至少一項即為成癮；若符合兩項，即有極高機率為成癮症。

※CAGE篩檢問卷，是結合上述四項問題〔1.減少飲酒（Cut down）的必要性、2.受他人批判時的煩躁感（Annoyed）、3.飲酒的罪惡感（Guilty）、4.晨間借酒解酒（Eye-opener）〕的字首略稱而得。

病態說謊 2 人格疾患

所謂人格疾患，是指當事人的想法與行動模式與大多數人相異，導致本人深陷痛苦，或狀態使旁人備感困頓等的精神疾患。常見行為有衝動言行、從容說謊等。

前篇曾提及的「戲劇型人格疾患」、「反社會型人格疾患」皆是具代表性的人格疾患，其他尚有下列各類。

妄想型 人格疾患

毫無根據地認定自己受到他人利用，或將遭他人危害。

自戀型 人格疾患

自己必須恆常置身核心，否則無法忍受。另外，也缺乏能與他人共鳴的情緒。

邊緣型 人格疾患

過分在意他人評價。害怕被拋棄而會說一戳即破的謊言。

畏避型 人格疾患

害怕被人嘲笑、排斥在外，迴避社會性的交流。

病態說謊 3 孟喬森症候群（Munchausen syndrome）

孟喬森症候群的病名源自著名的吹牛大師，同時也是扮演童話《吹牛男爵歷險記》原型的德國貴族孟喬森男爵。患者會謊造身分和經歷，好讓自己看起來像是有頭有臉的人物，並會佯裝成病人，博取旁人的同情。狀況如果惡化，還可能產生自殘行為等，陷入棘手的狀態。

- 尋求旁人的關切與同情，裝病、衍生自殘行為
- 為使病情看起來像重症，也會出現竄改檢查結果等掩飾行徑
- 奠基於獨特世界觀的虛談（編造假話）
- 由於無法取得滿意的診斷結果，而不斷更換醫院

說謊當呼吸者的心理

說謊理由 06

說了謊也不會感受壓力或痛苦

業務部的齊藤小姐，是下一任課長候選人吧。
很厲害呢♪
嗯——嗯……
她在背後好像動了不少手腳
咦？
聽說前任課長之所以被降職，就是因為齊藤小姐把個人失誤嫁禍過去的關係喔～～
據說另一個課長候選人坂本先生，企劃也被齊藤小姐搶走了……
這種人好可惡!!
沒錯!!
坂本先生好可憐
我要追隨像前輩這種正直的人！
我也是！
呵呵呵……
這樣一來，齊藤小姐的聲望就會一落千丈了吧
雖然我全是亂掰的

以個人利益為最優先

在這世間，有些人雖然並未罹患疾病，還是會面不改色地說謊。只要說謊不會對自己造成任何不利，這類人就算謊話連篇，也不會感到壓力或痛苦，當然也不會遭受良心的苛責。

把說謊當呼吸的人，包括3種類型。第一種是積極撒謊欺騙對方與旁人的**詐騙型**；第二種是在日常生活上總會稍加演戲的**演技型**；第三種是只關切自己，若為得到力量、威望、讚譽，可以輕易撒謊的**自我陶醉（自戀＊）型**。

詐騙型的人會為了獲取金錢

WORD 自戀：源於希臘神話故事中入迷眺望自身模樣而變成水仙花的少年納西瑟斯。指迷戀自己，以自己為至上價值的狀態。

過度自我陶醉者的特徵

自戀者是愛慕著自己的人，但若這個傾向變得過分強烈，就會只對自己感興趣，泰然自若地對旁人說謊，藉以表示「自己是特別的存在」。

- ☐ 認為自己優於常人，是特別的存在。
- ☐ 經常幻想自己的華麗成功。
- ☐ 能理解自己個性的人，只有部分地位較高的人們，強烈認為自己應該跟那些人產生聯繫。
- ☐ 認為自己理當獲得更高評價。
- ☐ 希望被視為是特別的。
- ☐ 若為達成目的，利用他人也無妨。
- ☐ 經常嫉妒他人，或認為別人在嫉妒著自己。
- ☐ 常被評為傲慢和任性。

請確認以上有幾項符合。超過5項的人，可說就有強烈的自戀傾向。

性利益或好處而說謊。他們常擁有高度才智，在工作方面同樣能幹，特徵是謊言不容易被看穿。

演技型的人必須以自我為中心，否則難以忍受。可以分成誇張談話、編造謊言的**自我中心型**，以及太想受人喜歡、過度在意他人目光，因而連辦不到的事情都會輕易承諾的**意志薄弱型**。

自我陶醉型認為**自己尤其重要**，最喜歡被特別看待。因此他們會覺得，為此撒謊也是理所當然的（見上圖）。

小知識 意志薄弱的謊言容易拆穿

意志薄弱型的謊言，經常當場就會露出馬腳，可說是很好拆穿的。不過，他們並不會就此反省，往後也會繼續說著容易被識破的謊言。

說謊理由 07

當一般人面不改色說著謊話時

比起不說謊，自身目標和價值觀才更重要

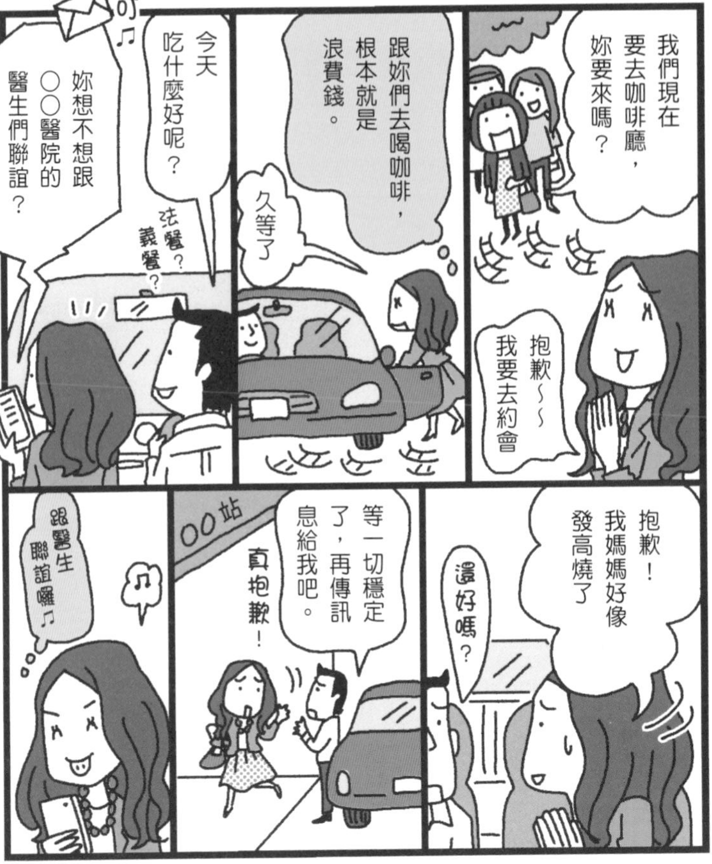

不會產生罪惡感的一般人謊言

不是出於疾病，也不是所謂「說謊成性的人」，一般人在說謊時，經常不會感受到**罪惡感**（▼P21）。當一個人非常重視自身的目標和價值觀，與其保持誠實，更容易以達成目標或維持價值觀為優先。

德國教育學家兼心理學家**斯普朗格**（Eduard Spranger），透過「重視何種價值觀」，劃分出了**理論型**、**經濟型**、**審美型**、**宗教型**、**權力型**、**社會型**等6種人格類型。其中經濟型、審美型、宗教型、權力型這幾類，皆會為了守護自己重視的價值觀，面不

六大人格類型與謊言的關係

斯普朗格以「重視何種價值」為基準，劃分出了六大人格類型。
為了守護此樣重要的事物，即便普通人也會「面不改色地說謊」。

理論型

會從知識中尋找價值的類型。在價值上重視邏輯性及合理性，傾向討厭謊言。相反地，也會被視為過度耿直、欠缺溫情。

經濟型

此類型將焦點放在取得財產上。在事物價值與人物評價方面，經常會從有錢與否來判斷，重視現實利益。為了獲得利益，會毫不猶豫地說謊。

審美型

此類型會從「美感」等感受性事物中尋覓價值。對實際生活和現實性事物不太關心，若是為了守護美好事物、追求美感，有時也會輕易撒謊。

宗教型

此類型認為純淨無邪才正確、追求快樂是錯誤的。容易將個人想法強壓到他人身上，可能會為了使他人對自身想法產生共鳴而說謊。

權力型

此類型會因獲得權力、支配他人感受到巨大的喜悅。他們會將說謊當成獲取、維持權力的手段，也可能視情況利用他人。

社會型

此類型在價值上重視他人與社會福祉。若是為了社會好，或為了幫助困頓受苦之人，就會乾脆地認為「說謊亦方便」而說謊。

改色地說謊。

舉例而言，經濟型的人**若為求取利益，並不會太過抗拒說謊**；審美型的人將價值重心置於美感與感性等處，因此**若為追求美，並不計較真偽**。

宗教型的人致力於救濟，因此容易說出「這會加劇社會不安」、「這樣就能治病」等等帶點預言味道的話；權力型的人若**為取得、維持權力，容易利用謊言或編造事實來達成**。

小知識 理論型與社會型

理論型的人會客觀性、合理性地理解事物，因此有較厭惡謊言的傾向。另外，社會型的人若是為了協助受困和痛苦的人，有時會秉持著「說謊亦方便」的概念，毫不猶豫地說謊。

森林裡綻放的花朵魅力

Q 請為下列問題選出答案。

你正在某座森林中探險。該處有著一株魅惑眾人、舉世僅有的花朵。不過，這朵花運用魅力吸引到獵物之後，就會張開血盆大口，將之吞噬。你認為這朵花會用什麼樣的魅力引人靠近呢？

A　用香氣誘人

B　模仿此人喜歡的人的聲音

C　靜待人類靠近

D　利用蝴蝶吸引人

E　唱歌引人靠近

解說➡P185

PART

2

這世間充滿了謊言

想被尊敬、想吸引對方注意、想配合他人，
一急就不小心說謊掩飾……等等，
來看看人類說謊的心理。

說謊心理

01

想被敬重而說謊

任誰都有「獲得喝采的渴望」

備受尊敬的快感會使謊言升級

人不論年紀大小，都會想被他人稱讚。在酒席等處誇口「學生時代是校花」、「曾是橄欖球隊的火紅選手」等，或者報上高於實際的地位和職務，都是為了被眾人誇獎，是**自我表現欲***的表徵。

自我表現欲並非壞事，但若變得過強，就會衍生出**喝采渴望***。具有強烈喝采渴望的人，當受人讚揚，或自己的發言受到熱切傾聽，可以獲得極大的喜悅。

相反地，這樣的人倘若遭到無視，或只能獲得低度評價，則會消沉至極，**為了滿足喝采渴**

WORD 自我表現欲：希望能向更多人或社會展現自己的欲望。雖有程度差異，卻屬於任誰都有的人類自然欲求之一。

強烈喝采渴望的特徵

喝采渴望任誰都有，
若是特別強烈，就會出現以下的特徵。

自我中心

- 對人激烈好惡
- 任性，自我本位的思考模式
- 指望他人，強烈希望依賴他人

我很有能力
會失敗是因為上司沒有提醒我

自己是最棒的

- 超乎實際地誇大自己
- 容易懊惱、好強
- 覺得只有大家都吹捧自己才有趣
- 當朋友或熟人獲得成功，會感到眼紅

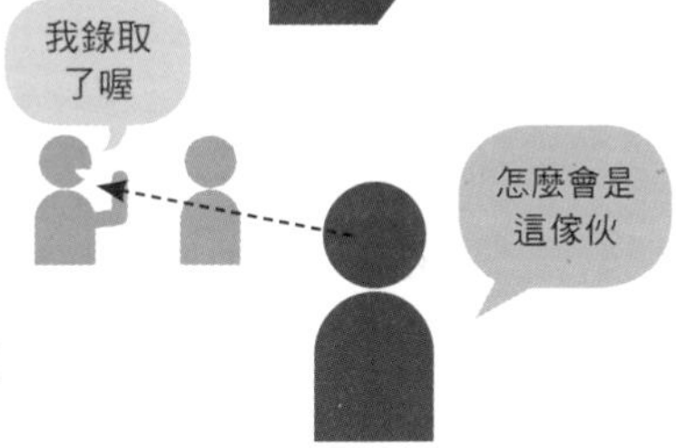
我錄取了喔
怎麼會是這傢伙

營造對流行敏銳的華麗形象

- 說話方式鋪張，誇大事實
- 容易盲從地位比自己優勢者的意見，對流行敏銳
- 給人華麗、社交性的印象

好棒！
品味很好耶

望，就會透過誇張的言行來吸引周遭注意，在某些情況下，甚至不惜說謊也要受到矚目。

當喝采渴望過度強烈，形成了慣性說謊，就必須注意。渴望出風頭的人、發言時容易喜不自勝的人，最好都要養成習慣，讓自己冷靜下來，想想謊言露出馬腳時的壞處。比起一時萬人簇擁，更該朝著獲得持續性評價的方向前進。

小知識 **適合當領袖的喝采渴望**

喝采渴望強烈的人，個性可說適合當領袖、藝人、運動選手。一般人站在聚光燈下，都會感受到龐大的壓力，不太能夠發揮能力；喝采渴望強烈的人，則是在愈大的舞臺上愈能發揮力量。

WORD 喝采渴望：想被他人極力讚頌、尊敬的強烈心情。

說謊心理 02

不想被嫉妒而說謊

為免受到嫉妒、被扯後腿的自我防衛謊言

優里，妳考100分耶！
好強喔
只是我念的地方剛好有考啦
妳數學也滿分啊
好強～
不要那麼大聲啦
咦咦!?
優里，妳英文跟數學都100分？好用功喔～～
忐忑不安
但我國文跟理化考不及格
哪有
這樣啊！我國文考得不錯喔
好厲害
不小心說謊了……難得跟小亮說到話的說
理化
國文

不喜歡被矚目而偽裝糟糕自我

跟具有強烈渴望喝采的人相反，也有些人並不喜歡受到旁人的讚許與矚目，因而會**刻意將自己的成績、地位、能力、姿容、外貌等展現得比實際還差**，常說日本人尤其傾向不愛對旁人展現成功。這就稱為**逃避成功動機***（**恐懼成功**）。

美國心理學家**霍納**（Matina Horner）曾以問卷訪問醫學系裡成績優異的學生為何能夠獲得好分數。在答題學生當中，大部分的女學生都不談論自己認真用功的事實，只回答「運氣好」、「碰巧考了學過的東西」等。

WORD 逃避成功動機：下意識地認為，一旦被他人發現自己很成功，就可能受人嫉妒、扯後腿等，而去逃避成功。

心理檔案❷

恐懼成功型較擅於團體生活

實驗 美國心理學家穆薩與羅區，向女高中生問了以下問題。

❶ 認為自己的長相在班上屬於前段、平均、還是後段？

❷ 認為自己適應目前的班級嗎？（是否享受高中生活）

接著，將學生依問題❶的結果，分成認為自己長相優於同學、平均、劣於同學等3個組別，並分別檢視各組相對於問題❷中的班級適應度（高、中、低）。

覺得自己漂亮嗎？
嗯……
覺得！

結果 比起自認漂亮的人，將自己評為「處於中間值」、「不算太漂亮」（與實際外觀無干）的人，比較享受高中生活。
一般認為，逃避成功動機能有效避免人與人的摩擦。

熱烈
談話
孤伶伶……

當時霍納認為，這種現象的原因在於「覺得不起眼的女性較受男性喜愛的價值觀深植人心」。但在日本，無論男女都找得到許多恐懼成功型的人，可看出**比起性別，所處環境的影響更鉅**。

假裝自己辦不到，是不想太出風頭而遭人嫉妒、扯後腿的心理機制。不過也有實驗指出，**具有逃避成功動機的人，更擅長團體生活**（見上圖）。

小知識 **成績優秀會被討厭？**

成績優秀是容易受人嫉妒的特徵（脆弱性，vulnerability）之一。一般也認為若表現出這項事實，會較容易在學校和職場中受到孤立。

說謊心理

03

想吸引對方而說謊

巧妙吸引對方的關懷，能使人際關係變圓滑

人會下意識地想吸引他人

當**逃避成功動機**（▼P36）變得過分強烈，人就算違背真心也想討好對方，便會配合行事。這就稱作**迎合行為***。

人的迎合行為，就算實際上不做此想，還是會去表現尊敬、彷彿抱持好感的模樣，因此也稱得上是欺騙對方和旁人的一種謊言。

迎合行為包括稱讚恭維的「**讚頌**」、自我貶低的「**謙遜**」、同意對方的「**同步**」及給予方便的「**親切**」等。

人在一般日常生活中，必定會以某種形式迎合他人。就像靈

WORD 迎合行為：為了博得對方的好感，就算違背自身意志和想法也要迎合。

討人歡心的迎合行為二三事

為了被對方喜愛所做的各種手段，就稱作迎合行為。
這並不是意識性的作為，有時我們自己並不會發現。

讚頌

拍得好！
不愧是部長
這衣服
好好看！
妳的品味
真棒耶

稱讚或說場面話，藉以捧高對方的自尊心。

謙遜

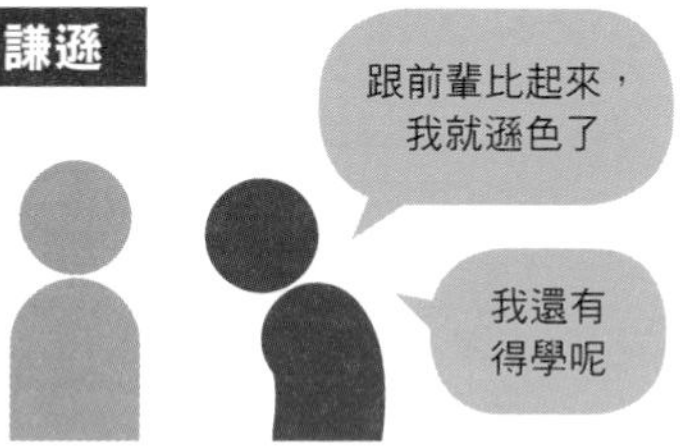
跟前輩比起來，
我就遜色了
我還有
得學呢

自行謙遜，相對抬舉對方。

同步

部長很喜歡
高爾夫球，
我也開始打了
我的意見
跟您一樣

贊同對方的意見，或採取相同行為。

親切

聽說您
喜歡甜食，
請用
需要我
幫忙嗎？

留意對方的行為，提供各式各樣的方便。

巧運用謊言亦是「方便」（為達成目的之手段▼P21），**靈巧運用迎合行為，也能成為便利的處世巧方**。

雖說如此，一旦做過了頭，則可能被喚作**馬屁精**等，留下不太好的印象。另外，**不斷做出違反自己真心的言行舉止，將會累積壓力**，因此必須留意。在不對自身造成負擔的程度上運用得宜，相信可以幫助人際關係更加圓滑。

小知識 **笑臉也是一種迎合行為？**

笑臉也是能使人際關係更圓滑的一種迎合行為。但在陪笑時，即使嘴巴有笑，如果目光惴惴不安，或者臉龐僵硬，反而出乎意料地容易露出馬腳，請靈活運用！

說謊心理

04

為打圓場而說謊

想逃避罪惡感、自卑感

山本，昨天請你做的估價，完成了嗎？
啊！我忘了
我還、還在做最後確認，要要要再等一下。
明早可以……
這樣啊，麻煩囉
對了，簡報用的資料準備了嗎？
準、準備了！這個也還要一點時間，今天之內……
為什麼我要說那種話啊
今天之內絕對做不完啦

應付場面的謊言將會自掘墳墓

正在為遲到焦急的時候，對方打了電話過來，明明實際上還要一段時間，卻脫口而出「再一下就到了」等話語。你是否有過這種經驗？另外，談及自己不曉得的話題時，裝懂硬聊，同樣也是家常便飯。在這類謊言背後，存在著何種心理機制呢？

應付場面的謊言，是**逃避**（▼P54）的心理在作用。由於一心想盡快逃離對自己不利的惡劣狀態，就會想要打圓場。在這種思維背後，存在著罪惡感（▼P21）和**自卑感**＊。尤其自卑感愈強的人，愈容易感覺「對方在

WORD 自卑感：認為自己比不上他人的想法。

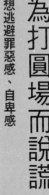

打圓場的謊言二三事

人會為了撐場面，說出形形色色的謊言。
其中有些謊言，可能會影響到人際關係，要多留意。

對抗催促的謊言

被人催促時，會感覺選擇行動的自由受到威脅，有時為了爭回自由，就會採取抵抗的行為。

你作業做了嗎？
我才想來做而已，你害我沒心情做了

場面話的謊言

為了順應場面，姑且講述贊同意見。這通常是些無關痛癢的話，不太會造成實際損害。

很冷吼
真的

降低失誤嚴重性的謊言

在工作上出錯之際，為了保護個人立場，人會去掩飾失誤，或盡量將後續影響講得微不足道。根據研究結果，這種情形男性較女性多。

失誤根本沒造成多少影響

禮儀性的謊言

雖然不這麼想，為了避免打壞對方的心情，而陳述肯定性的意見。

我改變髮型了，如何？
超級適合

責怪我」，而會趕忙編織出拙劣的謊。

不過，若這種情形反覆發生，謊言逐漸成為了日常，對自己並沒有好處。你將會不再能正面處理困難的情境。

如果遲到了，只要好好道歉，告知正確的抵達時間，別讓對方焦急等候即可。碰到不懂的事情，只須當場討教即可。別靠謊言來粉飾太平，將問題一個個解決掉，努力培養出自信吧！

用這招！ 心理技巧

不懂裝懂只會適得其反

與其「裝懂」，還不如「裝不懂」，更能在溝通上發揮良效。比起「那個我知道」，人更容易對表示「我不知道，教教我」並傾聽的人抱持好感。

說謊心理

05

「不記得有這回事」是真？是謊？

政客的招牌「辯解」，能夠暢行無阻嗎？

我說過這週末你要留在家裡幫忙吧
妳哪有說
我出門囉
你說過看完1小時的電視就要去念書吧
咦？我不記得耶～
嘩嘩
你答應過我，如果這次考差就要把漫畫丟掉的吧
不記得有這回事
35
唉唷～～
我說過我討厭紅蘿蔔啊！
還有青椒也是
我不記得有這回事！

沒有預兆就遺忘殆盡

「不記得有這回事」，是政客用來逃避責任等的著名臺詞。一般而言，我們總會很想吐槽「最好是不記得啦」，不過實際上，也真的存在著記憶會消失的疾病。

在這些疾病之中，人稱**暫時性全面失憶症***的病症，患者會毫無預兆地忘記剛發生的事情。在大部分情況下，24小時以內都會復原，但這段期間就連新事物也無法記憶，因此若反覆詢問相同的問題等，患者就會陷入混亂狀態。咸認這是由大腦血流障礙所導致，目前已知常態性抱持壓

WORD　失憶症：記憶障礙的一種。會忘卻特定情事或一定期間的記憶。從忘事到記憶遺失，具有各式各樣的病態與症狀。

暫時性全面失憶症的特徵

暫時性全面失憶症好發於中高年齡，
特徵是有以下症狀。

- 想不起發病前數天～數個月間的行動
- 突發性地喪失記憶
- 多數案例的症狀會持續數小時
- 無法記憶發病期間發生的事
- 睡醒後會復原
- 復原後記憶功能就會恢復
- 意識、知識、判斷能力與平時無異
- 沒有後遺症

我昨天
做了些什麼？

為何會發生？

當與大腦記憶相關的器官「海馬」發生短暫性的血流不順，據說就會發病。推斷有各種可能原因，包括壓力、輕度腦中風、頭部外傷、精神性衝擊、初期阿茲海默症等。由於記憶功能會恢復，許多案例都未行積極治療，但這也可能是由疾病引起，因此最好接受檢查。

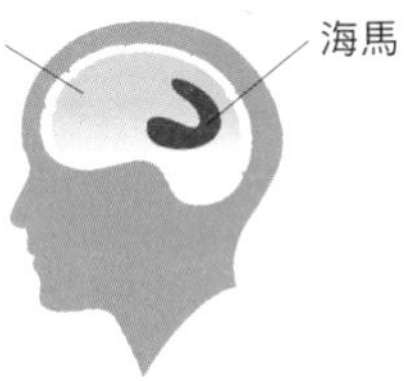
大腦皮質
海馬

海馬是大腦內部形如海馬的器官。進入大腦的各種情報，都會暫時送往海馬，經過整理，再逐步存進大腦皮質。

力的人容易罹患，且**此病與阿茲海默症具有關聯**。

另外，不同於這類疾患，人也可能會將自己說的謊信以為真。在不停說著「這不是我的責任」的過程中，可能會形成**自我暗示***，導致由衷深信，若有如此演變，人並不會自覺這已經是在說謊。辯解著「不記得這回事」的政治人物，雖然我們很難相信，但若真是出於這類疾病或自我暗示，其實也無法完全說是謊言。

小知識 政客的謊言都很相像

政客的謊言，大致上可總括為「不記得了」、「祕書做的」等等言詞。假裝遺忘、將責任轉嫁給祕書等行為，是政客強力自我保護的心理機制。

WORD 自我暗示：自行誘導自身的思維和行動等。透過自我暗示，使自己認為某件事情是真的。

說謊心理 06

將身體虛弱表現出來的緣由

希望被同情、被關切的心理

描述疾病 吸引周遭注意

會說「血壓低」、「貧血」等，**強調自己身體虛弱的人**，以及明明沒有人問，卻極力陳述「發了40度的高燒」等疾病症狀，這樣的人並不罕見。

就算是真的，要是每次碰面就展現病弱之態，也會使人厭煩。另外也可能遭到猜想：「是不是工作想要偷懶」。實際上，或許某些人確實也是為了尋個輕鬆，才選擇如此處事。

這種吹擂軟弱的心理，背後可能有幾種原因，最主要的一種，就是**藉由展現「柔弱」**，來**滿足受到關注的渴望**。其目的是

WORD 渴望認同：希望受到他人認可的心情。人類基本需求之一。

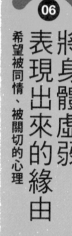

吹擂疾病的心理

會誇示孱弱和疾病的人，
具有以下的心理。

強烈渴望認同

想獲得他人認可，渴望認同的一種表現。透過受到他人輕視，將自己置身在他人的下位，扮演弱者，想獲得旁人保護。

企圖逃避

將生病當成為逃避眼前艱辛現實的手段。一開始只是想裝病，但經常會因為自我暗示，而真的引發身體不適。

想透過疾病獲利

透過疾病獲利，說得簡單些，就是「因為我生病，請對我寬容一些」的心態。將自己弱小的部分展現給旁人，藉以獲得有利立場。

自我正當化

當學習或工作的成績不盡理想，就表示「是身體不好造成的」，事先打好預防針，以對自己或旁人交代。

人為障礙症

一種會佯裝病況的精神疾病。強烈想要扮演病人，受到醫師和護理師的重視。當症狀遭到否定，也可能會轉赴別家醫院。

扮演弱者，吸引周遭注意、受到保護，這是在**渴望認同***中稱為**下位認同***的一種心理。

當此種心態變得過度強烈，甚至還可能會服用無效的藥品等，刻意經營出疾病的症狀。此時就有極高的可能性，是罹患了名為**人為障礙症**的精神性疾病。

此外，強烈認定「自己很特別」的人，為了呈現「自己跟別人不一樣」，有時也會佯裝身體虛弱的樣子。

小知識　病弱美人曾經吃香？

在過去，人說「紅顏薄命」，認為孱弱的女性富有魅力，也因此孕育出了佯裝病弱的行為。在連「草食男子」都已出現的今日，透過纖弱來展現女性魅力，似乎已經行不通了……

WORD　下位認同：將自己定位在他人之下的行為。藉由這些行為，來滿足拋棄責任、依賴他人、受到保護等等欲望，屬於渴望認同的一種。

最近有奇怪的車子在跟蹤我
咦！會不會是跟蹤狂？
我跟爸媽說過，但他們認為只是回家方向剛好一樣，不相信我
還是報警比較好吧
尾數有1、3、7的日子一定會出現喔
13日 17日 23日 …
喔？
而且啊，對方為了不讓我發現，還會換車。大多是白色的，但也會換成銀色的……
…
還有，搭電車的時候大家都在看我，在公司也是，所有人都在講我的壞話
…
要不要去看醫生？

說謊心理

07

講述異常謊言者的心理

想逃離難受的日常，沉浸於假想世界

不再能區分現實和幻想

4月1日**愚人節**是即使說謊也無妨的日子。唯有這一天，即便說了鋪張的謊言，也不會被責怪是「騙子」。不過，假如某人從平素就會一本正經地講述超乎常理的事情，例如「我被外星人抓走過」等等發言，便符合**幻想症***的病態情況。

幻想任誰都會。這也是一種解除壓力的手段，「如果可以中樂透……」想著想著就認真了起來，甚至開始思考中獎後該如何花錢的種種情事，這類狀況相當常見。

不過，之中也有一些人，**在**

WORD 幻想症：源源不絕地描繪各種現實上不存在的事物。包括注意力散漫、作業中斷等，也可能會造成日常生活上的障礙。

講述異常謊言的「思覺失調症」

幻想過度，吐露出人意表之事，這樣的人有可能是罹患了思覺失調症。

思覺失調症常見的妄想

被害妄想　「敵人躲在街上，準備襲擊自己」等等，認為可能有人想危害自己的妄想。

他們想
傷害我

關係妄想　聽見孩童的笑聲，就認為「是在嘲笑自己」等等，將無關事物連結至自身的妄想。

他們把我
當成白癡
在笑

注視妄想　「有人在監視著自己」等等，覺得一直受到注視的妄想。

國家在
監視著我
東張
西望

跟蹤妄想　「我被間諜跟蹤著」等，認定有誰在跟蹤的妄想。

某個組織
正在追殺我

誇大妄想　「自己是耶穌轉世」等等，深信自己是特別存在的妄想。

我是
救世主

附身妄想　深信「有東西附在自己身上、控制著自己」等等妄想。

我身體裡面
有另一個我，
在做著壞事

從難受日常逃往幻想世界的過程中，會沉湎於自己揮灑出的幻想裡頭，最後不再能夠區分現實為何。倘若沒有間斷、無止境地持續幻想，深陷其中，甚至忘卻了現實，這就存在著精神性疾病的可能性。

例如**思覺失調症***，就會出現「他人在攻擊自己」的被害妄想，以及「自己是神」的誇張妄想等症狀，如果置之不理，有可能會破壞人際關係，無法順利經營社會生活。

小知識　如何抑制幻想

若是容易跌入幻想中的人，建議可將腦袋裡描繪的幻想，透過文章或繪畫等途徑表現出來。如此一來就能明確區別幻想與現實，也能對幻想更有掌控能力。

WORD　思覺失調症：精神障礙的一種。身陷「遭到監視」、「腦袋裡有聲音」等妄想及幻覺之中，也可能導致人際關係和社會生活碰壁。

對自己也會說謊？

守護自身的「防衛機制」謊言

我們容易先入為主，認為謊言是對他人說的，
但其實我們也會對自己說謊。
大部分「對自己說謊」的情形，都是為了保護自己。

守護自身的「防衛機制」

人在面對討厭或辛苦的事情時，總想保護自己免於其擾。此時的心理運作就稱為「防衛機制」。防衛機制的類型五花八門，透過說謊來保身的情形，主要如同下述。

壓抑之謊

將造成自己痛苦不安的事情、願望、想法忘得一乾二淨，又或者，深深相信自己完全不受影響。

例▶ 如目擊意外現場等，忘卻自己不願憶起的體驗。

反向作用之謊

採取與自己真正情感或想法完全相反的行為，以防壓抑的欲望透過實際行動表現出來。

例▶ 對真心討厭的上司拍馬屁，積極地唯命是從。

改換對象之謊

將自己壓抑的心情或想法，抒發到其他對象身上，藉此感到滿足。

例▶ 對上司的不滿和憤怒，無法對當事人宣洩，於是拿下屬出氣

否認之謊

否認無法接受的事實、自己的難過體驗、願望。

例▶ 認定「她雖然說討厭我，其實不是這樣想」等。

合理化之謊

捏造某種理由，正當化對自己不利的事、無法滿足的欲望等，或者轉嫁責任。

例▶ 對於沒能錄取的企業，覺得「他們的業績很差，幸好沒去上班」。

投射之謊

將深藏心中，卻不為自己所接受的想法與感情，當成是別人的作為。

例▶ 想要出軌的丈夫，懷疑「老婆是不是外遇了」。

說謊心理 08

追流行的人真的覺得那些東西很棒嗎？

明明不喜歡，卻還模仿他人的理由

只要自己跟周遭不同就會感到不安

你對**流行***具有敏銳的嗅覺嗎？既有人總為新穎事物趨之若鶩，也有人貫徹著「流行與自己無關」的獨立路線。

介在兩者之間的人數量最多，當流行散布到某種程度時，就會追隨潮流亦步亦趨。

所謂流行說穿了是起始於稱為**創新者***的極少數先驅。一開始大多數人會抱持著「那啥？」、「好奇怪」等等否定意見，但隨著流行愈傳愈廣，幾乎全體都會開始仿效。

那麼這眾多的人們，難道都違背真心，把認定是「奇裝異

WORD 流行：在一定時期內，許多人皆採行相同的新習慣或風格，並在社會中廣泛滲透的現象。

流行的散布方式

流行始於極少數人，
並會透過以下的過程普及、滲透至全體。

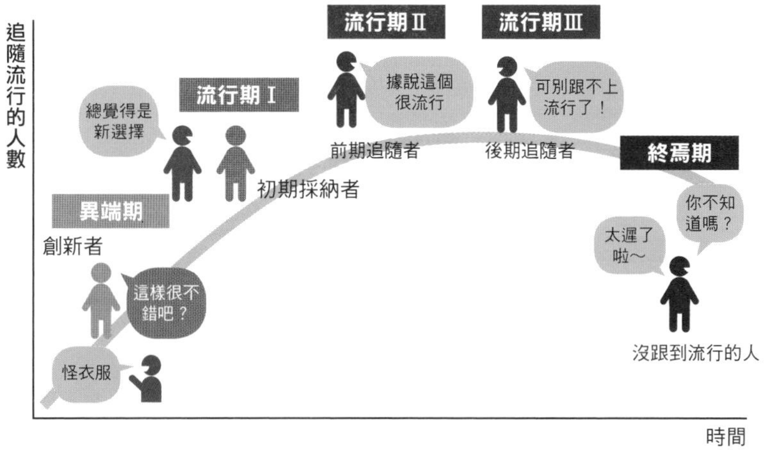
追隨流行的人數
時間
異端期
創新者
怪衣服
這樣很不錯吧？
流行期Ⅰ
總覺得是新選擇
初期採納者
流行期Ⅱ
據說這個很流行
前期追隨者
流行期Ⅲ
可別跟不上流行了！
後期追隨者
終焉期
你不知道嗎？
太遲了啦～
沒跟到流行的人

異端期	流行期Ⅰ	流行期Ⅱ	流行期Ⅲ	終焉期
對流行敏感的少數創新者發起流行的人，被旁人視為異端	初期採納者對流行次敏感的初期採納者，開始模仿創新者	前期追隨者追隨者中從較早階段就開始跟流行的人。流行會在此時迎向巔峰	後期追隨者對流行稍微遲鈍的人，開始追隨旁人	沒跟到流行的人，有可能會參加或不參加流行

服」的東西穿到身上了嗎？實際上並非如此，**因為在流行風潮之中，人會逐漸由衷認為某種時興「非常出色」**。

於此之中，除了「許多人都覺得好的東西一定很棒」的**確信**之外，還包括著同步，也就是「**跟大家一樣才安心**」的心理在運作著。

面對想同步的欲望，即便是個人曾認為不可動搖的真正喜好，也會輕而易舉地被潮流取而代之。

小知識 流行來來去去

人同時擁有著「想跟大家一樣」，以及「想跟他人不一樣」這兩種相反的心態。「時興與過時」正謂是這兩者交相拉扯所引起的現象。

WORD 創新者：對流行最為敏感的少數革新者。是流行訊號的發源基地。

說謊心理 09

配合旁人而說謊

「大家一起闖紅燈就不可怕」的心理

當旁人行為不當 自己也會近墨者黑

平常明明很遵守紅綠燈規範，看見一大批人闖紅燈時，自己也不知不覺無視了燈號……不論是誰，相信都有過一、兩次這種經驗。

明知不可如此，若周遭許多人都做著不當行為，就會不由得起而隨之。這就稱為**同步行為**＊，是一種**本能性配合旁人的心理機制**。

同步行為的影響比想像中深遠，例如某個實驗就曾發現（次頁上圖），即便是任誰都能答對的簡單測驗，**當周遭的人都挑了不正確的選項，約莫每3人就會**

WORD 同步行為：為了配合團體或他人的規範或期待，自己也採取相同或類似的行為。

同步行為的影響力

實驗 心理學家艾許（Solomon Asch）請包括受試者在內的 6 人進入房內，出示以下圖卡，請大家從A～C中選出跟標準圖卡等長的線條。不過除了一位受試者外，其他所有人其實都是暗樁，選擇了錯誤的答案（A）。

A B C
標準圖卡
比較圖卡
正確答案是A
咦……？
暗樁
受試者

結果 答錯者的比率

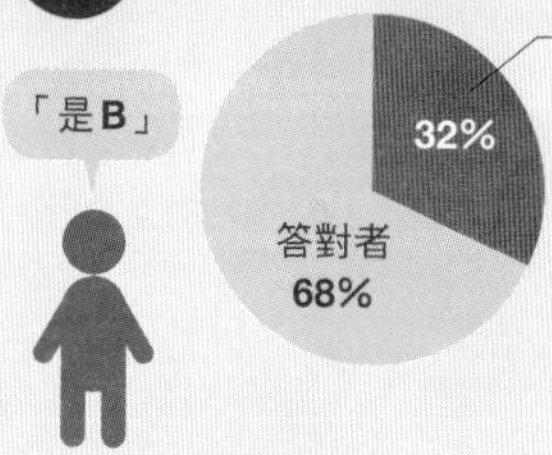
「是B」
32%
答對者
68%

雖然是任誰都會的簡單測驗，卻有32%的人會配合其他5人，選擇（A）這個錯誤答案。

「是A嗎……」

一個人時能夠答對的問題，但追隨多數人的意見，就容易選成錯誤答案，人相當容易從眾。

有一人與之同步，選擇錯誤的答案。人就算曉得正解，也會為了配合旁人而言不由衷。

人類追逐流行、看到隊伍就跟著排等行為，全是企圖應和周遭的心理所致。

另外，同步行為**在戰爭期間或重大災害等情境下，也可能發展成惡質的謠言或搶奪行為等**。理解這些特徵，培養不輕易從眾的意志，也是很重要的。

小知識 孩童之間也會同步

同步行為在孩童間的影響更顯強大，說穿了，孩子本就是在模仿中成長。另外，由於孩童的世界很狹小，對於被孤立的恐懼也極為強烈。

說謊心理

10

為何考試當前就會想打掃？

為逃避現實而說謊

啊，明天要考英文呢……
對了！我跟麻美借了漫畫
要趕快還才行……
反正也沒辦法專心念書，稍微看一下就好
1小時後
人家都說轉換了心情效率會更好嘛
好在意後續……
隔天早晨
閃亮閃亮
哇！
完全沒念到書

逃避現實逃不過一世

人會選擇安逸的道路，藉以躲避眼前的艱辛現實。例如，考前明明應該要用功，卻突然很想看漫畫；明明有必須處理的工作，卻跑去喝酒等等。

這是一種**逃避***的心理，**是想逃離痛苦和不安的反應**。顯然是有真正該做的事，卻彷彿看不見現實，選擇從現場逃之夭夭。

不過，繼續這樣忽視現實，就會為學習和工作招來遺憾的結果。目的沒有達成、更加責怪自己，對精神層面也不是好事。

追根究柢，逃避是一種緩解**壓力***的**防衛機制**（▼P48），

WORD 逃避：當願望和欲求無法實現，就選擇放棄，企圖逃離對自己而言不利的現實。

逃避現實的類型

在碰到難堪的現實、感到不安等情況下，
人為了舒緩壓力，就會以各式各樣的手段來逃避。

躲避

實際逃離當場，避開令人不安的對象。

例 用臨時有急事等理由，缺席不太想去的聚會。

有急事……
我不想去……

用幻想逃避

現實無法如己所願，因此跑進自由描繪的幻想世界裡嬉戲。

例 想像自己變成在現實世界中遙不可及的超人。

逃避難受體驗

想忘掉不幸的體驗，而將注意力轉向毫無關聯的事物，企圖忘卻現實。

例 想忘記失戀的難受，在工作上蠻幹瞎拚。

用生病逃避

為逃離不舒服的事情而裝病。有時演著演著，身體真的會出問題。

例 不想去學校，謊稱肚子痛請假。

肚子好痛

是用來捍衛自己的行為。將討厭的事拋諸腦後，投入到想做的事情當中，雖然僅是一時，卻能替快被壓力摧毀的精神帶來安定效果。但這終歸不過是短暫的幸福，只要告訴自己是在轉換心情，等到要回歸學習和工作時，相信並不會造成太大的障礙。

小知識 產生幹勁的訣竅

沒辦法全心用功或工作時，不妨整理一下桌面等，做做對原始目標有幫助的簡單事項。這在心理學中稱為「勞動興奮」，只要展開稍有關聯的作業，自然就會想投入原本該做的事。

WORD 壓力：企圖適應環境變化的反應。壓力來源（造成壓力的原因）對身心所造成的各種影響。

○△公司
你也來面試這家呀？
我準備太少了，完全沒望～
我也是……落選的話就一起失業吧
哈哈哈……
對呀
日後
聽說前田錄取了
咦？真的嗎
好像筆試、面試都完美無瑕而且還被外商錄取了喔
是喔——……
這、這樣啊
那傢伙居然給我說謊，我半家都還沒錄取的說……

說謊心理 11

「我完全沒念書」是用來打預防針的謊言

為守護自尊心而說謊貶抑自己

為防結果不好事先準備藉口

「昨天有念書嗎？」「完全沒念……」在考試前，可說必定會上演這樣的對話。

話是這麼說，等到考試結果出爐，身邊所有人卻都拿到了還過得去的分數。因為相信「我沒念書」的說詞而感到安心的自己，則是吊車尾，朋友們說沒念書，根本就是瞞天大謊。

縱然如此，朋友們其實並不是想要考得比你好、想欺騙你才說謊。包括「我沒念書啦」、「腦袋不好」等，平時**常有自我貶抑發言的人，自尊心*****其實相當高昂**。

WORD 自尊心：重視自己的人格，對自己的思想和言行等具備自信。對自己抱持肯定性評價。

藉口之謊＝合理化的機制

怕自己受傷而端出藉口，是稱為「合理化」的一種防衛機制（▶P48）。
除了自我跛足之外，合理化還有以下類型。

酸葡萄理論

那串葡萄
很酸

看見高掛枝上的美味葡萄，狐狸跳起好幾次，卻搆不到樹枝，沒能如願品嘗。牠因此留下「那串葡萄很酸」的發言，而後離去。

⬇

吃不到葡萄的真正原因，是自身能力不足。但承認此事會傷害自尊，因此以謊言當藉口。

甜檸檬理論

我的檸檬
很甜

自己努力得來的檸檬雖然酸，卻說「其他檸檬一定更酸，我的檸檬很甜」，來讓自己接受。

⬇

將自己的作為評價得過分甜美、美好的心理。成果沒能合乎期待，若承認這個事實，自己的辛苦就像是白費了般，因此用說謊來遮掩缺陷。

縱使念書念得非常認真，要是考出來成績很差，就會折損自尊，大受傷害，因此才會事先打好**預防針**，即便結果很糟，也不會傷得太重。這種行為稱為**自我跛足**＊，常被用於自我保護。

考試成績是否理想，問題終究會回歸自身。別輕易跟朋友們同步，要知道「自己歸自己」，還是沉住氣好好努力吧。

小知識　為藉口感到滿足

也有數據指出，愈是會自我跛足的人，成功的機率就愈低。因為他們會滿足於創造出來的藉口，導致懈怠了努力。

WORD 自我跛足：主張自己具有不利條件，作為結果不如所想時的藉口。

說謊心理 12
絕不承認失敗的心理
比起反省，更想將責任轉嫁他人

阿部，先前的資料數字有錯耶？
咦，是喔？
我明明有確認啊……
我有特別交代要留意數字吧，是要講幾次
不是這樣，因為對方給的估價有錯……
是你沒有好好確認數字，根本就不夠用心
不是啊……但是……
不要再辯了，快去修正！
非常抱歉
其他人也有錯，為什麼只罵我……

將自己正當化 深信沒有做錯

在工作出錯等時刻，四處找理由不肯認錯的人，容易被譴責為「沒禮貌」、「很傲慢」。這種不願賠罪的態度，是出於何種心理呢？

這在大部分情況下，都可以用**自我正當化**＊的心理來說明。這是一種**自己騙自己的心理機制**。

想逃離失誤的**罪惡感**，抵禦旁人的譴責，當這番心情變得太過強烈，就會認定「自己並沒有錯」。接著，例如「上司跟職場環境都很差，話說回來我身體狀況也不好……」等，在用各種理

WORD 自我正當化：在做了不正當的事，或行為違反個人原則之際，尋找各種理由來規避責任，企圖保護自身。

抗拒認錯，自我正當化的4種類型

被指出錯誤時的自我正當化，
有以下 4 種類型。

轉嫁責任型

「是沒注意到我可能犯錯的上司不好」等，主張自己沒有半分責任。多是強烈自戀的人。

是那傢伙的錯

拖人下水型

「大家都有錯」、「〇〇也做了一樣的事」等，指出他人也犯了同樣的罪過，主張並不是只有自己做錯。

大家都不對

主張例外型

「這次我身體很差」、「碰巧運氣不好」等，強調這次是例外，企圖轉換問題的方向。

這次是因我
身體不好

詭辯型

大談煞有其事的道理，強行將個人過錯正當化。有時也會只提出對自己說法有利的數據來提升可信度。

多數決
雖然輸了，
但有3成的人
都贊成

由正當化自身行為的過程中，就會真的深深相信。

若自我正當化持續加劇，也可能會認為「是因為我很有能力，才能將失敗控制在這個範圍內」等。

要使人際關係圓滑運作，與其像這樣自我正當化，「說謊亦方便」（▼P21）是更加有效。就算不覺得自己有錯，還是要說「十分對不起」，**展現謙虛的姿態就能有效緩和對方的情緒。**

> 小知識 **比起藉口，不如獻上報告或提案**
>
> 將失敗怪罪到別人頭上，用來推卸責任的藉口，只會反過來惹毛對方。在工作上犯了錯，若能製作成報告書，或者提出彌補錯誤的替代方案，評價反而會提升。

說謊心理 13

樂觀進取者的謊言

稍微高估自己最是剛好

欸，我問到祥子喜歡的類型了喔
喔喔喔！是哪種？
嗯——首先身高要高
呃——嗯……
反正我應該高於平均啦
運動員
嗯
我小學時游過泳
啪噠 啪噠
還有講話風趣的人
嗯嗯
幼稚園的時候，老師說我是個奇妙的孩子
我總覺得我好像有機會耶
唷呼——!!
呃……真、真的嗎？

保持樂觀 更能健全生活

你認為自己比一般世人還要友善嗎？或是比較不友善呢？根據心理學家泰勒的調查，有超過半數的人都回答「我的友善超出一般世人的平均值」。

假如所有人都有能力正確地評價自身與他人，回答「親切高於平均」跟「親切低於平均」的人，照理說數量應該幾近一致才對，然而實際上，回答「較親切」的人卻多得可以。換句話說，**人有將自己評價於他人之上的傾向**，這類傾向給予自己高度評價的情形，稱為**正向錯覺**（肯定性的幻想）。

正向錯覺是積極向前的謊言

正向錯覺是指對於自身的積極幻想，
藉此保有健全精神的人，具有下列特徵。

1 自我評價很高

將自己的能力或技藝評價得比實際更高。

實際的能力、技藝 ＞ 認定自己擁有的能力、技藝

這個差距就是謊言

雖然會將目標設定在個人能力、技藝所無法觸及的高度，為了達成，卻也會拼了命地提升能力、技能，最終也經常達標。

2 相信自己有能力控制情況

碰到實際上難以掌控的對象，也相信自己能夠撐住局面，會去尋覓某些辦法或手段，有時可以達成確切的控制。

3 相信未來會比現在更光明

實際上並不知道未來是否會好轉，但相信著就算多少有一點問題，也必定能夠解決，而能充分發揮出自己所擁有的力量。有時還會找人協力合作，開創出一片未來。

▶ 正向錯覺能為自己的人生帶來正面影響

有些人常會毫無根據地表示「事情一定會好轉」，這類言詞也是正向錯覺的一種。**樂觀性語言和肯定式語言，可以為精神層面的健康大大加分**，因此這並不算是不好的謊言。

泰勒的看法是，精神上很健康的人，會傾向①給予自己高度評價、②相信自己能夠控制狀況、③相信未來會比現在更好（見上圖）。冷靜評價事物雖然也很重要，**稍微樂觀一點，或許會更健全**。

小知識 任何事情都能積極以對

此處的錯覺說穿了就是「幻想」，也無疑是一種謊言，卻可以維持高度的自尊心，面對任何事情都能夠積極投入，打造出良好的人際關係。

說謊心理 14

為完成高度目標的謊言

「一定辦得到！」的心理暗示

竟然得在一個月內簽到五張新合約……絕對辦不到……
什麼嘛，怎麼才剛開始就放棄啦
告訴你我年輕時常用的招數吧
就算說謊，也要不斷告訴自己「一定辦得到」
結束!!
啊？
光、光這樣就行？
你就當作被騙，去做做看嘛
哈哈哈
喔……
拍
日後
一定辦得到
我一定可以
○○公司
月底
前輩！我簽到十張合約了！
好像做得很順利呢！

出聲說「辦得到」可以增加自信

碰到難解的問題，大部分的人都會產生暫時**逃避**（▼P54）局面的心理。二話不說先逃再說，按情況不同，也可產生**拒絕工作症***、**五月病***等逃避行為。

雖說如此，逃不掉的問題，其實也可以正面處理。在這種時刻，**自我對話**（self-talk）將能發揮威力。這種方法是在對自己說謊，跟前篇提到的正向錯覺有點相像。**對自己說「絕對辦得到」是一種自我暗示**，已知可以實際增強自信，協助發揮力量。比一般人更有機會處於加倍緊繃狀態的**頂級運動員，在關鍵比賽**

WORD 拒絕工作症：每當必須去上班或上學，頭痛、腹痛、噁心、腹瀉等症狀就會襲來。尤其身體會在週一早上變差的，就稱為週一病（星期一症候群，Blue Monday）。

透過自我對話征服高遠目標

想要自我成長，重在挑戰稍有難度的課題和問題。
自我對話可以帶來正面效應，也能帶來負面效應，
正面的自我對話，可以發揮出更棒的效果。

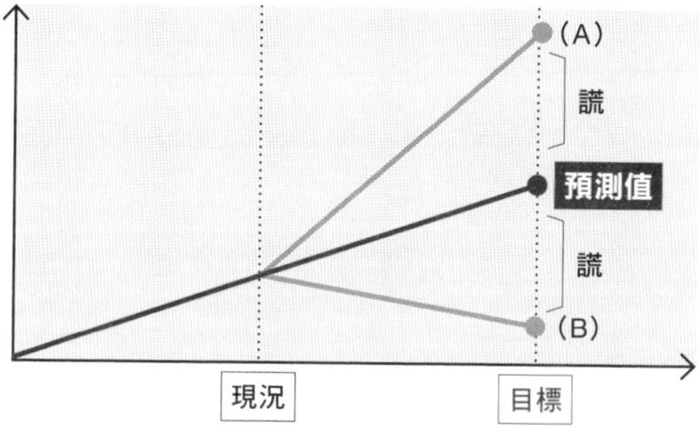

將目標設定在預測值

➔ 在自己能力與本領的範疇內，可以達成目標。由於不常煩惱、痛苦，未來雖不會有太大的成長，卻可以很穩定。

將目標設定在（A）

➔ 透過自我對話，創造正面的謊言。由於將目標設定在超出自身實力的等級，負荷會很沉重，將是一番艱苦戰鬥。雖然也很講究創見與動腦，由於可以直接面對課題，在達成目標時會有巨大的滿足感，並帶出自信。

將目標設定在（B）

➔ 透過自我對話，創造負面的謊言。由於將目標設定在低於自身能力的等級，不必辛苦就能達成目標，但無法獲得成就感、滿足感。由於不需要充分發揮自己的實力，有時也會演變成偷工減料、偷懶等情形，反而產生妨礙成長的效果。

的重要場面，都會運用自我對話，便是其證據所在。

語言與心靈彼此相繫。隨著低頭嘆息，心情也會跟著消沉；相反地，若挺起胸膛，打起精神說出「辦得到！」心情也會真的高漲起來。

效果良好的自我對話包括3個要點，**①使用正面詞語、②採取自信滿滿的態度、③重複說出口**。要達成遠大目標，這可說是很有效果的謊言。

小知識　無法忍受現實的時候

當現實變得難以忍受，千萬別自己承擔，不妨向信任的人傾訴，尋求意見。光是有人願意傾聽，心裡也會好受一些。

WORD ▶ 五月病：是指在日本，無法適應入學、進入新公司、搬家等巨大的環境變化，時近五月前後，就會身心不適的症狀名稱。在新職員研修課程即將結束的六月同樣頻發，因此也稱為六月病。

你會創造出何種故事？

Q 請認真端詳下圖，任想像奔馳，打造出各式各樣的故事情節。接著，請從以下選項，挑出跟你答案最相近的，不只一項也OK。

① 這兩人正身陷令人羨慕的戀愛

② 男性是一流大學畢業的菁英上班族

③ 女性是有錢人的女兒，既知性又富有教養

④ 兩人都身穿高檔的名牌

⑤ 許多路過的人，都對兩人投以欣羨目光

⑥ 男性和女性皆是任誰都會回頭凝望的俊男美女

⑦ 男性是著名人士，正在偷偷約會

⑧ 兩人深深相愛，愛是永遠

⑨ 女性像小孩般撒著嬌

⑩ 男性的舉止很任性

解說➡P185

PART

3

為改變自己所說的謊

謊言具有各式各樣的力量。
能夠增進好印象、鼓舞自己、甚至還能改變性格！
本章將介紹用來改造自己的「說謊方式」。

活用謊言

01

第一印象會左右往後命運

初始效應與麥拉賓法則（the Rule of Mehrabian）

這位是內田，從今天開始進公司工作
他大學畢業後就到美國企業任職……
我是內田，請大家多多指教！
很冷淡耶
在生氣嗎？
皺著眉頭
英語很溜嗎？
感覺很會做事
內田，
不好意思，能幫我寫信給洛杉磯的分店長嗎？
已經寄出了
你們覺得呢？
很有距離感……
不敢請他幫忙太基礎的事情

活用「謊言」創造良好印象

一旦給人留下了不好的**印象**，就很難輕易顛覆。第一印象所帶給對方的感覺會長久留存，使你往後一路艱辛。

這就稱為**初始效應***，若想避免無意間給初次見面的人留下壞印象，靈活運用謊言，將會卓有成效。

美國心理學家**麥拉賓**在實驗中發現，**人的第一印象有55%取決於神情和態度、38%取決於聲音、7%取決於言詞所含資訊**（談話內容）。換句話說，**比起說話內容，談話者的神情、舉止、聲音反而會留下更強的印**

WORD 初始效應：在見面的瞬間，人會從對方的外表、姿勢、服裝、聲音等下判斷，打造出對方的形象。據說最初的印象（第一印象），是相當難以顛覆的。

心理檔案 ❹

一開始就留下良好印象的效果

實驗 美國心理學家艾許做了一項調查，想知道在介紹某個人時，若改換字詞的順序，是否會改變對方感受到的印象。在實驗中，他以下列A和B的方式變換字詞順序，來介紹同一個人物。

A 他啊……

有才智 ▶ 勤勉 ▶ 衝動 ▶ 批判性 ▶ 頑固 ▶ 嫉妒心強

依上述順序介紹

B 他啊……

嫉妒心強 ▶ 頑固 ▶ 批判性 ▶ 衝動 ▶ 勤勉 ▶ 有才智

依上述順序介紹

結果

A 給人很好的印象

B 給人很差的印象

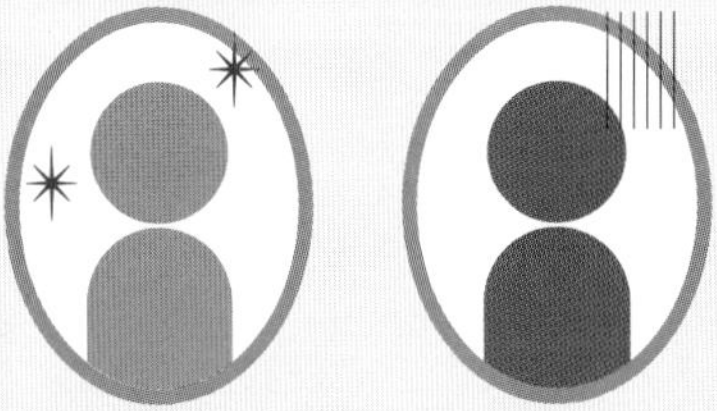

由此可知，先說肯定性的詞彙，就會帶來好印象；先說否定性的詞彙，就會形成壞印象。

在跟人初次見面前，先請牽線的第三人傳達肯定性的評價，也是博得良好印象的一種方法。

象，這被稱為**麥拉賓法則**＊。

由此可以得知，碰到初次相遇的對象，只要在神情、態度、發聲方式等處**加諸些許的演技（謊言），就更容易留下好印象**。別漫無邊際地談話，記得要掛上笑臉、俐落動作，用沉穩清晰的聲音來說話。

不僅如此，若能再**好好看著對方的眼睛，一個個的字詞清楚發音**，初次會面的印象必定會大有不同。

用這招！ 心理技巧

認真聆聽對方

面對初次相遇的對象，如果突然就講起自己的想法，或跟對方持完全相反的意見，將會留下不好的印象。在最初階段應先適度保留個人主張，好好傾聽對方所說的話，是獲得好印象的訣竅。

WORD ＊麥拉賓法則：麥拉賓在1971年所提倡的法則。取語言（Verbal）、聲音（Voice）、表情和態度（Visual）等詞彙的字首，也稱為「3V法則」。

活用謊言 02

顛覆惡劣第一印象的方法

透過時近效應翻轉局面，博得好印象

後來產生的好印象可以顛覆壞印象

前面說過，惡劣的第一印象很難顛覆，但也不是絕無可能。

心理學家**盧欽斯**（Luchins），曾經讓幾位受試者先閱讀足以判斷某人個性很**內向**的文章，接著再讓他們讀足以判斷該人個性很**外向**的文章。閱讀過後，盧欽斯詢問了對該人的印象。受試者在閱讀第一篇文章時，雖然曾經給出「內向」的評價，在讀完下一篇文章後，回答「外向」的人卻變多了，印象就此有了改寫。

這個實驗告訴我們，**當後續印象不同於最初印象時將會更受重視**，這就稱為**時近效應**＊。

WORD 時近效應：認為當後續印象跟最初印象產生差異，後續印象會較受重視的理論。

心理檔案 5

改寫第一印象的時近效應實驗

實驗 美國心理學家盧欽斯對受試者進行了下述實驗。

Step 1

A 啊，
是個很靦腆的人，
話也不多……

Step 2

A 啊，
擅長社交，
人面也很廣……

結果

在 Step 1 之後對 A 的印象

A是何種個性？受試者回答「個性內向」。

在 Step 2 之後對 A 的印象

A是何種個性？受試者回答「個性外向」。

這個實驗告訴我們，當後續印象跟最初印象產生差異，後續印象會優先受到參考（時近效應）。

此實驗還設計了另一模式：只讓受試者閱讀能獲得外向資訊的文章，以及依序閱讀內向→外向的文章。結果顯示，按照後者做法，回答「外向」的比例會更高。由此可知，利用映襯相異內容來突顯差異的「對比效應*」，可以放大時近效應的影響。

即便第一印象沒能博得好感，也不必萬念俱灰。只要之後能帶給對方良好印象，情況就可以好轉。

雖說如此，這裡出現了一個問題：我們應該比較注重最初（初始效應），還是最後（時近效應）呢？心理學家**梅奧**（Mayo）認為，**觀察力愈敏銳的對象，愈容易受到初始效應的影響；愈不敏銳的人，則容易受到時近效應的影響**。若能按對象改變優先順序，相信會更理想。

用這招！心理技巧

如何給人好印象

翻轉出良好印象最簡單的方式，就是積極接觸對方。別擔心會被討厭，「單純曝光效應」已經受到實證，隨著接觸增加，對對方的好感度也會逐漸提升。

WORD ▶ 對比效應：將某種行為、表現拿來與他項對比，藉以強調原有行為、表現。人們所說的傲嬌（以冷淡與撒嬌的雙面性來展現魅力的人▶P 170），就是利用了此種效應。

巧妙自我揭露
提升你的好印象

所謂自我揭露，就是告訴對方自己的各種相關資訊。
為使第一印象更美好，另外，也為了顛覆惡劣印象，
重要的是充分認識自己，巧妙地自我揭露。

自我揭露博取好印象

自我揭露能使對方產生親近感，
並願意反過來自我揭露。

我不太擅長在眾人面前講話
其實……我也是這樣

談論自己的事情

將自己的想法、喜好、家庭結構等相關資訊告訴對方

↓

對方感受到親近感，也會願意自我揭露

↓

雙方感情更要好

巧妙自我揭露的要點

①充分客觀看待自己

②避免超出必要程度的自我粉飾

③選擇失敗經驗、幽默情事等能使氣氛更融洽的話題

……等等

不好的自我揭露

就算希望對方了解自己，自吹自擂也是錯誤做法。另外，突然談起嚴肅話題或過度觸碰隱私，也會使對方退避三舍，要多多注意。

我有三輛高級車
只穿量身訂做的西裝
……

透過周哈里窗（Johari Window）尋找「真正的自己」

人要自我揭露，就必須充分了解自我。對他人揭露「真正的自己」，就代表準備好建構更深切的人際關係。記得要先更深入地認識自己，才不會因為想法僵化，做出錯誤的自我揭露。為此，我們可以好好活用「周哈里窗」。

	自己知道	自己未知
他人知道	①開放我 自己充分理解，對他人也開放展現的領域。	②盲目我 他人看得見，自己卻看不見的領域。經常要被指出才會發現。
他人未知	③隱藏我 自己知道，但對他人封閉的領域。如果此處比其他區塊更大，就不太能跟對方加深關係。	④未知我 自己和他人都不曉得的未知領域。有時是壓抑在內心深處而沒發現。

「周哈里窗」是由美國心理學家喬瑟夫・魯夫特（Joseph Luft）與哈里・英格漢（Harry Ingram）所提出，他們將人類的心靈化為圖表，分成①開放、②盲目、③隱藏、④未知等 4 個區塊。②盲目我與④未知我，是對自己隱藏的領域；③隱藏我則是對他人隱藏的領域。進行自我揭露，將會拓寬①開放我，使②～④逐漸變小。

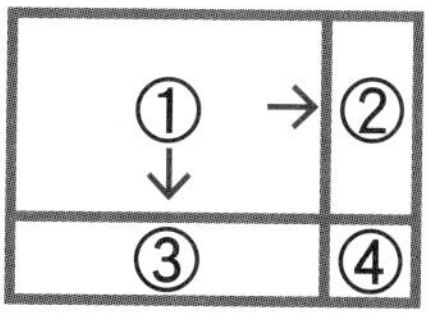
①
②
③
④

活用謊言 03

鼓舞弱小自我的謊言

創造自己的「幸運物」

唉~今天被課長狠狠訓了一頓
要不要去老地方喝個幾杯，一起抱怨一下
不了，我還有其他想去的地方
?
你在幹什麼呀？
只要這樣溜滑梯，不曉得為什麼，連工作都會變順利喔
就像鈴木〇朗進到擊球區時的招牌動作那樣嗎？

利用正面意味的徵兆

有些茶葉在沖泡時，茶莖必定會在水中豎立起來。有些商品起源於「茶莖直立就會帶來好運」的說法，據說在心情消沉或焦躁難安等時刻，可以讓人鬆一口氣，因此大受歡迎。

將類似說法當真的人或許不多，但這些所謂**能帶來好運的東西，哪怕知道是假的，還是具有安撫心靈的效果**。

如果你是會為小失敗、人際關係問題而急速消沉的類型，或許可以試著創造帶有正面意味的**徵兆**＊，來為自己打氣。具體而言，例如你可以不斷告訴自己

WORD 徵兆：英語中的「jinx」，原指經驗法則與教訓認定為不吉祥的事物；日語中的「ジンクス」則轉義，不問好壞，所有顯示兆頭的事物皆在此列。

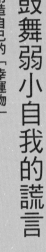

運用徵兆，飛速轉換心情

法國心理學家庫埃（Émile Coué）認為，
所謂意志消沉，其實是負面情緒※在無意識間占了上風的狀態。
想要鼓舞情緒，就有必要逆轉局面。

※情緒：喜、悲、驚、怒等暫時性的強烈情感。

現況 心情消沉的時候，是負面情緒較正面情緒占了上風。

若被負面情緒支配，碰到零星失敗或麻煩事就會即刻鬱悶

跟朋友吵架，
心煩意亂
負面情
緒取得
優勢

改善 打造如「聽某首曲子就會打起精神」等徵兆性事物，形成自我暗示。

聽音樂
就會打起
精神
正面情
緒取得
優勢

當失敗和麻煩事導致情緒低落，就利用徵兆性事物來轉換心情。

「改變上學、通勤路線能使心情暢快」、「聆聽特定音樂可以非常放鬆」等，來形成暗示（自我暗示▼P43）。經過充分的自我暗示，在實際變得鬱悶不安之際，只要採取這些行動，相信就能打起精神來。

小知識 音樂也有淨化作用

如同「音樂療法*」這種治療方式所示，音樂其實具有消除及化解心中芥蒂、不安、憎惡、憤怒等負面情感的淨化作用。不妨將音樂當成轉換心情的一種方法。

WORD 音樂療法：利用音樂，試圖復原身心、維持或改善機能的治療方法。

活用謊言 04

欺騙自我，成為「憧憬的自己」

人的性格可以改變

入戲三分 性情也改變

巧妙活用謊言，能夠激發出超越實力的力量、使負面心情好轉，但若是原本性格就很悲觀消極的人，效果也會砍半。這個類型的人，不妨大膽地轉換性格，試著讓自己變得樂觀積極。

人在演出被賦予的**角色***之際，就連內在層面也會產生變化。美國心理學家**金巴多**（Philip Zimbardo）等人，就曾透過**史丹福監獄實驗**，證實人的性格可以改變。

該實驗在大學內部創建了巨大的模擬監獄，將公開招募的男性們分成囚犯與獄卒，要他們演

WORD 角色：按照個人或在社會、群體中所處位置（position）所採取的行為模式（pattern）。

心理檔案 6

演戲演到心靈生變的監獄實驗

實驗 創建巨大的模擬監獄，將公開招募的普通男性分成囚犯和獄卒的角色。扮演獄卒者穿上獄卒制服，扮演囚犯者穿上囚服，讓所有人演出分配到的角色。獄中的規範和生活時間表，參考自真實的監獄。

扮演獄卒　扮演囚犯

結果

扮演獄卒　扮演囚犯

實驗才揭開序幕，就開始隨意追加規範、強迫囚犯說彼此壞話、用不堪言語咒罵囚犯。

為了討獄卒歡心而卑躬屈膝，或對獄卒抱持憎惡，也有人變得死氣沉沉。

人可以透過演出角色（演出假的自己）來改變個性和行為模式。

出分配到的角色。實驗才剛開跑沒多久，獄卒馬上就變得傲慢，囚犯則卑躬屈膝，逐漸喪失了氣力。**在演戲的過程中，大家成為了真正的獄卒與囚犯**。

由此可以得知，**就算知道是假的，人只要不停演戲，就能改變性格和行為模式**。該實驗短短6天就畫下了句點，只要認真以對，性格其實可以在令人訝異的短期內產生改變。

小知識　理想的個人形象

剛開始或許會有些格格不入，但人其實意外擅長「演戲」。想像「憧憬的自己」，採取相應的說話風格與行為，「憧憬的自己」跟「實際的自己」就會逐漸一致。

悲觀性格變身樂觀性格
利用謊言改造個性

人就算知道「是在演戲」，
只要入戲夠深，就連思維和行為都會產生變化。
巧妙發揮這個特性，來想一想變身「樂觀性格」的方法吧。

從悲觀的人變成樂觀的人

史丹福監獄實驗告訴我們，在演出角色的過程中，想法和行動也會改變。這件事情反過來說，也就是人類的性格可以假戲成真。若你是碰到一點事情就容易產生負面情緒的類型，試著假裝自己是個樂觀的人，說不定可以改變個性。

從悲觀思考轉向樂觀思考

例

試著邀約一直很在意的異性，但被拒絕了。

悲觀者的思考

約會被拒絕
◀ 期待落空
◀ 心想「老是發生這種事」
◀ 悲觀思考「做什麼都沒有用」
◀ 否定式的自動化思考*，延續了不愉快的情緒，心情久久無法好轉

＊自動化思考：思考的習慣。碰到某種狀況，內心就會自動湧現的想法。

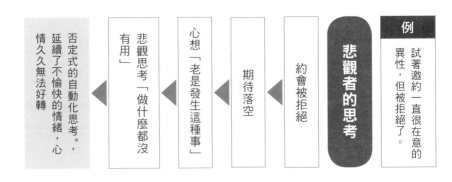

扮演樂觀的人

約會被拒絕

▼

讚揚自己提議約會的勇氣

▼

心想「下次還會有機會」

▼

樂觀詮釋「就算那個人行不通，也一定會有其他適合自己的人」

▼

持續肯定式的思考，不會產生不愉快的情緒，心情也能更快轉換

結果

人若被賦予某種角色，努力靠近「想成為的自己」，就能緩緩接近憧憬的那個自己。

徹底化身劇中人物的「方法演技」

所謂方法演技，是指演員為了演得更自然，而徹底研究所要扮演的角色，模擬體驗（例如為了演出囚犯而進入監獄）、改造肉體等，以求形塑角色的方法。

全面化身劇中的異常人物，對演員的精神雖會造成巨大負擔，演員卻也能夠跳脫只靠腦袋想像的虛構人物，帶來別具一格、具震撼力的演出。

活用謊言 05

為接近「目標的自己」所說的謊

向旁人宣言，斬斷逃避的後路

未紗，妳瘦了耶
嘿嘿，我稍微努力了一下
怎麼辦到的？教教我嘛！
其實……
我們去海邊玩吧
呃～……
妳該不會對穿比基尼很沒信心吧？
氣
哪有那種事！我身材可好的呢！
就是這樣子
都講成這樣了，也只能減肥了吧？
那我也要宣言！在夏天之前絕對要瘦10公斤！
衝吧！
妳加油喔～！

描繪出達標時的景象

想改變自己、成長更上層樓，就得**設定高出自身原有實力的目標，並公開宣告將會達成**。

舉例而言，假設你在班上的成績吊車尾，你不喜歡敬陪末座，想設法「提升成績」，就可以在老師或同學面前宣告「我要考到前5名」等，這就稱為**公開承諾**＊。

剛開始，可能會被嘲笑是在說大話。不過，**說出口的事情，心意會更堅決**。就算沒有念書的習慣，既然都在大家面前誇下海口，也只能奮發圖強了。

當人**強烈渴望某樣事物，只要在腦袋裡反覆描繪實現時的景**

WORD　公開承諾：在公開場合發表個人意見。這會產生必須按承諾行動的心理作用。自尊心愈強的人、公眾自我意識愈強的人，效果就愈好。

利用公開承諾提升實力

遭遇困難時，不妨毅然地公開表示：「我做得到！」
解決完一個問題，就再去挑戰更困難的問題。
這樣一來，「自信轉移法則」就會發揮效力，助你實力升級。

公開承諾

碰見難題，就出聲告訴自己「我一定辦得到」，並充滿自信地公開宣言。

解決一項問題

將克服問題的喜悅當作動力，去面對更大的困難。

我辦到了！
更有
自信了！

公開承諾

我要提升
分數！
我要考進
全年級
前10名！

辦到更多事情

➡ 更有自信了！

●何謂自信轉移法則

縱使只是小事，持續累積辦到的經驗，就能再去挑戰更困難的事。

不論工作或是日常生活，都要逐步解決一個個問題後，再去挑戰更大的難題。只要從辦得到的事情開始做，藉著大功告成的自信推波助瀾，邁向下一個挑戰就可以了。

象，就有可能在不知不覺中逐漸靠近「目標的自己」。想像著「前5名的自己」，努力不懈，姑且不論能否真的考到前5名，在大部分情況下，成績都會變好。

對旁人發出宣言，或許就會有誰跑來介紹不錯的參考書或補習班。或許最終沒能實現，會有一點丟臉，但既然可以脫離最後一名，還是有一試的價值。

小知識　宣告為何會有幫助

公開宣告最棒的效果，在於可以阻斷逃避的後路。由於會匯聚旁人的視線，態度也就無法太過散漫。在情勢變得對自己更加嚴峻後，就會有更高的機率，起而執行宣布要做的行動。

你想選擇哪棟別墅？

Q 你身在避暑勝地，打算從各棟別墅中選出一棟，站在前方拍照。你想將拍好的照片寄給朋友，騙對方「這是我家的別墅」。你會從下列A～D中選擇哪一棟別墅呢？

A 顯露木頭質感的別墅

B 紅白對比搶眼的別墅

C 藍色屋頂、奶油色壁面的別墅

D 以粉紅與白為基調，外觀可愛的別墅

解說➡P186

PART

4

上當受騙者的心理

人為什麼會被騙呢？
因為話術巧妙？氣氛？還是對方的外表？
本章將解說連自己都不會注意到的「受騙心理」。

說謊手法
01
人為什麼會受騙呢？
懶得動腦思考，更有可能被騙

沒有仔細玩味對方的言詞和背景因素

人為何會上當受騙呢？其中一個原因是，**人在判斷某事之際，會懶得思考，未能留意對方的言詞及發言的背景因素**。

現代人過著忙碌生活，將省時省工視為理所當然。倘若連跟他人對話都秉持著這種態度，就容易武斷地判斷事物，輕而易舉地上當。例如「是我啦是我啦詐騙」（▼P88）等，**只要先冷靜思考一下，或找信任的人商量，據說大多案例都能避免受害**。

另一個原因則是，**人擁有著「在特定面向上容易受騙」的弱點**。例如，遇事容易配合他人的

懶得思考所以容易受騙

人在面對困難局面，必須下判斷時，
因欠缺深入思考，便輕易地就得出結論。
這稱為節省思考，不僅未必能夠得出正解，還經常導致受騙。

1　從外觀或說話方式逕下判斷

放心，
我會保護妳
是個
溫柔的人
借錢都沒還

2　因為迄今都不危險，就認為之後也沒問題

必須
追加費用
一直以來都沒事，
這次應該
也沒問題吧
付不出
這麼大
一筆錢

3　被演技或故弄玄虛所騙

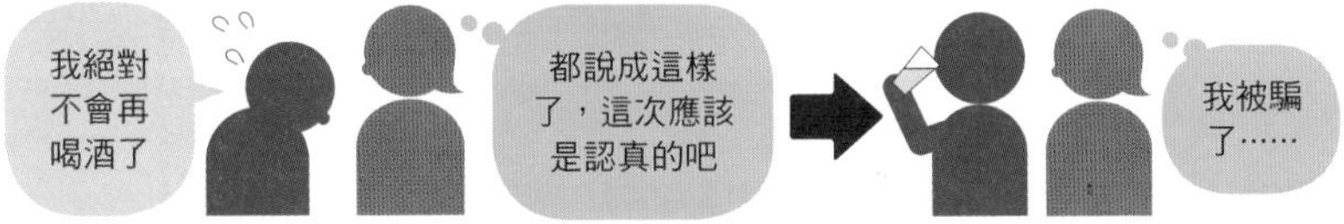
我絕對
不會再
喝酒了
都說成這樣
了，這次應該
是認真的吧
我被騙
了……

人，以及步調自成一格的人，應該留意的謊言就不一樣。

前者在選擇共事對象時，比較會挑選跟自己合得來的人選，就算對方對該份工作不太熟悉也無所謂。這類人可說**較容易被契合度、性格、人性所騙**。另一方面，後者並不會把對人物的好惡擺在第一順位，傾向挑選熟悉該份工作的人選。也就是說，這類人**較容易被對方的頭銜、外表（外觀）、專業性、權威等所騙**。

小知識　經驗有時會扯人後腿

有個實驗曾以海關稽查員及一般人為對象，要他們試著找出走私品，結果卻是稽查員做得比較差。稽查員很有經驗，相對地就養成了依賴機器的習慣，因而變得不夠謹慎。

說謊手法
02
被地位或頭銜所騙
某些特徵能夠連帶顯現其他資訊

擁有出色稱謂就深信是優秀人物

對於某位人物，透過形形色色的判斷素材，來理解其性格等內在層面，這就稱為人際認知。包括容貌、打扮、立場、頭銜等**屬性***，都會左右人際認知。

例如有時光是聽聞畢業自著名大學、在大企業工作等情報，就會連同對方的內在層面全給予高度評價。就像這樣，在判斷某個人物時，一種特徵會對另一種特性產生影響的心理，就稱為**月暈效應***。

月暈效應同樣是一種自我欺騙的**確認偏誤**（▼P22）。一旦下了判斷，就算後來得知了各式

WORD 屬性：某人、事、物所具備的特徵和性質。對人方面常指立場、頭銜、能力或經歷。

「良好月暈效應」與「惡劣月暈效應」

月暈效應既然能幫助提升評價，
反過來，就也可能造成負面印象。

正面的月暈效應

- 著名大學畢業
- 企業的頭銜
- 外觀、打扮出色
- 神情活潑……等等

能幹
工作熱忱
溫柔
會社交
過著充實
的人生

光靠外表、頭銜所無法判斷的內在層面，也會獲得良好評價

負面的月暈效應

- 社會地位低
- 有不好的傳聞
- 打扮邋遢
- 繃著臉孔……等等

看似易怒
隨隨便便
不認真
生活習慣
也吊兒啷噹
性格內向

連內在層面也遭受負面評價

但有時也會引發相反的效果

一開始因為月暈效應獲得正面評價 ▶ **損失效果** 內容並不相符，因而幻滅「頭銜很體面，卻沒內涵呢」

一開始因為月暈效應獲得負面評價 ▶ **利得效果** 因稍加成功，顛覆了負面的判斷「外表雖然可怕，卻意外地很溫柔呢」

各樣的情報，也會傾向只相信能增強最初判斷的情報。

名片上洋洋灑灑列著好幾種看似了不起的頭銜，這可說就是**在商業上利用月暈效應的例子。**另外，在廣告中聘請著名藝人，也是為了**利用藝人的魅力光環，使商品更顯耀眼。**

要看清事物的本質，不該光看打扮或頭銜，也應當著眼於對方的稟性，綜合性判斷才是最重要的。

小知識 有內涵才撐得起頭銜

頭銜再怎麼亮麗，沒有相應的內涵，只會產生反效果。就算一個地方評價很好，其他地方卻評價太差，月暈效應就不會生效，壞的那面反而會突顯出來。

WORD 月暈效應：月暈即是光環。在評價、判斷事物之際，會被某樣特徵的印象牽著鼻子走，做出全盤的判斷。

說謊手法 03

昂貴商品是好商品嗎？

物品的原始價格很難判別

人類的大腦容易怕麻煩

你在買東西時，會慎重考慮嗎？還是憑著直覺「俐落」挑選呢？

人類的大腦有一種省略思考的推想模式，稱為**捷思**＊。捷思是**以過往的成功或失敗體驗為基準，憑直覺下判斷**。這在高效解決問題的層面上是好事，但所做出的判斷，卻經常會受到**先入為主**或**偏見**的影響。「因為商品昂貴，所以一定是好東西」之類的想法，就是一個例子。

從1萬日圓降價成5千日圓的商品，以及原本就標價5千日圓的東西，哪一樣比較容易雀屏

WORD 捷思：大腦在判斷事物之際，省略思考歷程，做出敏捷且合理處置的體系。

購物相關的心理二三事

形形色色的手法，
都能用來激發消費者的購買意願、混淆判斷。

2980日圓是貴？還是便宜？

198日圓、2980日圓等價格稱為「尾數價格」，可以提升購買意願。明明只便宜了2日圓（20日圓），卻讓人感覺便宜了100日圓（1000日圓），另外還有讓人期待「這好像降價了」的效果。

不到3000
日圓耶……
¥2980

看到紅色標價就會出手買下

紅色不僅顯眼，還能讓人聯想「赤字」，因此容易覺得「變便宜了」。另外，紅色這個顏色本身也有煽動情感、促進購買行為的特性。

降價了？
¥5000

在松、竹、梅的等級中選擇竹

價格高的、價格低的以及介於中間的，若有這3種選項，人會傾向選擇中間的那個。選擇較貴的東西，內容有可能與價格不符；選擇便宜的，品質又可能太差，這樣的思量會在背後運作。

選中間的
好了

購買高價商品後會覺得東西便宜

購買5萬日圓的錢包後，若被推薦5000日圓的鑰匙包，就會覺得「順便買下來好了」。這就是利用了對比效應（▶P69），來讓人覺得價格很便宜。

便宜！

中選呢？若是類似的品項，相信大多數人都會選擇前者才對。

另外，在**市場經濟**之中，通常價格愈便宜，購買者也會變多；但在高所得階層，卻會出現相反的現象。換句話說，在金額愈高、滿足愈大的心理效應（**范伯倫效應***）之下，愈是昂貴且稀少的話，買家就愈會增加。那份高級感和稀有度會帶來優越感，此外買家也會判斷「昂貴的東西＝值得信賴的東西」。

> **小知識 「優質」很好賣？**
>
> 最近有愈來愈多號稱「優質」的甜點和飲料等，這同樣是活用了范伯倫效應的商品。換句話說，人們是在購買「獲得高級品」的滿足感。

WORD 范伯倫效應：經濟學詞彙，認為愈貴的商品具備愈高效用的心理作用。

說謊手法

04

「是我啦是我啦詐騙」的受騙心理

明知道詐騙手法，為何仍會上當？

利用人類心理的詐騙手法愈趨高明

「是我啦是我啦詐騙」如今日漸增加。明明有這麼多受害的報導，為何人們還是會輕易上當呢？

這些手法都具有共通的特徵。首先是，會讓被害者陷入**恐慌***。聽聞家裡人遭遇意外、被捲入（引發）犯罪，被害者就會變得無法理性判斷。

接著則是，會巧妙利用被害者的確信。例如，一旦將電話那頭的人誤認成兒子，被害者就會**不斷留意足以證實這份誤信的情報，進而忽略了對話中的矛盾或怪異點**。在這背後運作的，就是

WORD 恐慌：受到急遽的不安、壓力等，陷入精神上的混亂。會變得無法冷靜判斷。

是我啦是我啦詐騙的手法

「是我啦是我啦詐騙」，犯人會佯裝成親友等人打電話來，企圖騙取金錢。以下是廣為人知的手法。

裝成小孩或孫子

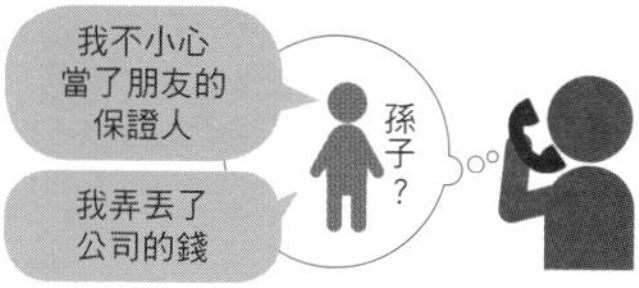
我不小心
當了朋友的
保證人
我弄丟了
公司的錢
孫子？

這是最基礎的手法。犯人會要求匯款，或指示「會派熟人去拿」，要被害者提供現金。

詐騙手法 事先表示「我感冒了，所以聲音很奇怪」、「我換電話號碼了」等，不讓接起電話的被害者發現矛盾。

裝成警察或銀行員

佯裝是警察、銀行員等受到世間信賴的職業。

詐騙手法 裝成警察或銀行員，直接過來收取存摺和提款卡。會利用「制服效應」：人對穿著制服的對象，會更有信任感。

再這樣下去會
沒辦法提領存款
你的帳戶
被人用於
匯款詐騙
警察？
銀行員？

上當受騙的關鍵

❶ 有人佯裝成親人、有人佯裝成警察等，由數人一同創造敘事。電話那頭的對象會不斷改變，被害者因而沒有餘裕冷靜思考。

❷ 看準銀行等處即將結束營業的時間，催促被害者「不趕快領錢銀行就要關了」等。

❸ 有時也會指定親手交錢，激發「直接拿給對方比較安心」的心理作用。

確認偏誤（▼P22）。

除此之外，被害者這邊也有認為「既然開始了就得做到最後」的**承諾**＊心理在作用。準備金錢，按時間匯到指定的帳戶等依照步驟逐一完成後，「都做到這裡了，必須做完才行」的心情就會增強。

想抵禦這種專業詐騙犯的話術，重在弄懂詐騙手法和受騙方的心理。

小知識 奇怪的電話先掛斷

是我啦是我啦詐騙，會透過①飛快且滔滔不絕、②提供成堆未知情報的方式，來使對方陷入恐慌。接到可疑電話時，試著暫時掛斷，先找回冷靜再說。

WORD 承諾：認為一旦決定就得做完的心理。可朝有益的方向活用，例如將擱置的工作做到最後等。

集體上當的詐欺手法

**騙錢手法百百種。利用心理特性的詐欺也與日俱增。
讓我們來認識較具代表性的手法。**

1 傳銷法

正式名稱為「多層次傳銷」。吸引消費者入會並化身販售員兜售商品的經營方式。規則是只要增加新會員，就可以獲得介紹費（佣金）或銷售回扣（進貨價與販售價的差額利益）。為此會員就會再去拉其他新會員，呈金字塔狀，連鎖式地多層增長。有時也稱為網絡行銷、傳播行銷等。

商品經常是以化妝品、健康食品、健康器材等為主。

受害實態

想賺介紹費而去拉親戚、朋友入會，可能打壞人際關係；若無法順利拉人入會，則容易衍生大量庫存等問題。

請留意這類說詞!!

在日本警視廳的官網，關於傳銷的頁面上寫著「增加會員就有賺頭、『任誰』都能『輕鬆』賺錢等，請留意這些看似美好的說詞」，呼籲大眾應注意以下這些詐騙話語。

成為會員，介紹新買家，就能拿到高額的介紹費。

有些人甚至每月能獲利100萬日圓。

這個商品很熱賣喔，一定可以賺到錢。

你拉到會員後，對方的努力分額，也會變成你的獲利。翹著腳就能賺錢。

2 催眠法

在日本也稱為SF手法（日語中「新製品普及會」的略稱）。利用傳單、贈品等吸引路人進到販售會場，以巧妙話術炒熱氣氛，使人購買商品的手法。經手商品可能為羽絨被、健康器材、按摩機、健康食品、高額化妝品等。

受害實態

在會場高漲的氣氛中喝了酒，不小心就買下原本並不打算買的高額商品。被害者多為主婦或高齡者。

3 家居聚會法

將熟人、朋友等邀請到家中聚會，在舒適的氣氛中，巧妙表示「這項烹飪器材非常好用」、「這是高品質的內衣」等，藉以推銷高額商品的販售手法。

受害實態

由於是被鄰近主婦等認識的人邀請，警戒心較容易鬆懈。另外也會擔心若拒絕購買，或許會打壞鄰居關係……一不小心就買下了高額商品。

這種人容易受騙

容易被騙的人，據說碰到同樣的詐欺手法，不論幾次都會上鉤。
你又是如何呢？來確認一下自己是否有這種傾向吧！

無法明確拒絕的人

是滿有趣的啦……
嗯……

不想打壞對方心情，或討厭被對方覺得不上道，而無法明確拒絕。

容易馬上當真的人

健康食品

容易受到暗示，碰見「40 世代容易生病」等負面情報就會不安動搖，而去購買健康食品等。

被戴高帽就開心的人

虛榮心強，被人稱讚、聽了場面話就得意忘形。這樣的人容易鬆懈心防，失手買下不需要的商品。

對「划算」沒有抵抗力的人

對金錢的執著高出常人一倍，聽聞到「划算」、「很賺」等，就會不顧風險衝上前去。傾向只相信對自己方便的情報。

划算

無法抵抗權威的人

執著於名牌、覺得地位高的人推薦的一定是好東西，這些就是不敵權威的證據。由於個人的判斷基準很不穩固，因此容易受騙。

認為只有自己不會被騙的人

過度自信「知識充足什麼都不怕」、「自己不可能被騙」等。由於對自己很有自信，經常不會發現受騙上當。

強烈想相信對方的人

人很好、心很柔軟的人。比起發怒、猜疑等負面情緒，認為相信對方會更輕鬆的類型。面對抱持惡意的人，容易變得毫無防備。

不擅長思考的人

面對合約等重要文書，只知道隨便看看、無法充分估量對自己是好處多、還是壞處比較多等，不擅長深入思考。

不安全感高漲的人

在累積壓力和煩惱、強烈不安之際，就容易被牽著鼻子走。即便原本不太會受騙的人，當對自己喪失了自信，還是會容易上當。

對自己沒有自信的人

深信「自己什麼都做不好」，沒有自信的人。無法相信自身的價值判斷，依賴心也很強，因此容易將他人所言全盤接受。另外，與其靠自力解決，更仰賴花錢等簡單手段。

說謊手法
05
流言蜚語會引起社會恐慌
正因事態緊急，冷靜判斷更是重要

這間咖啡廳今晚好像要拍戲喔
所以才會被包場啊！
CAFE
今日包場
在這裡等，說不定可以看見S演員耶！
真的嗎？我也來告訴大家
S人在○○咖啡廳
還沒開始嗎～
S！快出來吧！
嚷嚷
吵吵
吵吵
嚷嚷
店外面好誇張
為什麼有這麼多人
什麼什麼？
○○商事
送舊迎新
阿災？

流言蜚語會在眨眼間傳開引發社會混亂

如同「人之不幸味如蜜」所言，就算知道**傳聞**＊和**謠言**＊會傷害到當事者，人們還是會不經意熱衷其中。

不過到了最後，這類流言蜚語必定會傳到當事人耳中、使對方傷心、破壞人際關係。

另外，這不僅對個人，對社會整體也有影響。傳聞有時會衍生出**集體恐慌**等恐怖事態。

傳聞和謠言，容易發生在戰爭、災害等非常事態期間，一轉眼就會擴散至整個社會。相信不少人都還記得，2011年東日本大地震時，各式各樣的謠言就

WORD 傳聞／謠言：傳聞是無關事實，在世間被人談論的事情。與之相對，謠言則是為了煽動旁人而刻意流傳的錯誤情報。

產生謠言的體系

當大眾因非常事態惶惶不安，就容易產生謠言。
愈是這種時刻，就愈需要靜判虛實的態度。

發生並傳播的條件 例 發生巨大自然災害等時刻

1 重要性

火山爆發，
整個鎮都遭殃……
!

跟生命或財產有關的重要情報。

2 曖昧不明

水電好像都斷了

情報不確定，無法摸透。

3 不安

之後到底會
變怎樣呀……

不安愈高漲，謠言就更容易發生並廣傳。

散播謠言的心理

1 渴望情報

身處非常時期的不安當中，為了迴避危險，希望多少能取得有益情報。會認為錯誤情報好過沒情報而輕易相信。

2 渴望傳播

人會出於善意，將自己所知的情報傳達給別人。另外，告訴別人也能因共享不安全感而消除壓力。

3 將不安情緒正當化

會自己找藉口說畢竟因為是非常事態，不安也是很正常的。另外，傳播令他人不安的言論，也會受到正當化。

4 欠缺理性

在非常時期，人會處於一種興奮狀態。平時明明會去查資料，卻因喪失了冷靜，聽到什麼就會馬上告訴別人。

曾透過網路漫天飛舞。

這類謠言只要一步踏錯，也可能會引發暴動或**暴眾**＊現象。人類群體具有**群體心理**（▼P152），有時會衍生出單一個體所難以想像的暴舉。

要防止集體恐慌，重要的是每個人都該判斷正確的情報為何，並留意不讓謠言繼續傳播。

小知識 人就愛同步

人在團體裡頭，會希望趕緊達成共識，就算是錯誤情報，也會追隨周遭的意見。這種情形會使錯誤情報和具惡意的誹謗傳播開來。

WORD 暴眾：某種共通性的刺激要因，使群眾變得活躍。例如蜂擁前往特賣會的企圖獲利的暴眾；在祭典中喧嘩，表露情感的暴眾；像足球流氓般，具攻擊性的暴眾等。

你是個什麼樣的人？

Q 請從下列選項圈出符合你的項目。

1 認為自己身旁不太有壞人

2 會認真聆聽別人說話，不然會很不好意思

3 覺得人偶爾就是會運氣差碰上麻煩

4 聽別人說「很有效」就會想嘗試

5 認為名人和地位高的人所說之事值得相信

6 被人推薦就難以拒絕

7 不想添麻煩，對家人也閉口不提

8 身邊不太有能商量的人

9 想被視為可靠的人

解說➡P186

PART

5

洞悉深層心理潛藏的謊言

謊言是可以識破的。即便無法透過言詞，
從說話方式、目光移動、動作舉止也能看穿謊言。
本章將介紹破除謊言的妙方。

不覺得有菸臭味嗎？
嗅嗅嗅
有、有嗎？
嗯～是我的錯覺嗎
一、一定是錯覺啦
哇啊！
你在幹嘛呢？
嘎啦
不是啊，我想說在陽臺乘個涼
是真的、真的啦
也太好看穿了……
算了啦

讓謊言現形 01

從外觀和舉止看穿謊言

比起話語，神情和身體舉止更容易顯露謊言

想看穿謊言就注意手腳與動作

謊言不需光靠言語，據說從臉色、動作等**非語言溝通**＊也能一窺一二。

過去有個實驗，曾將人說謊時與沒說謊時的模樣拍成影片，研究神情與舉動有何不同。結果得知，正在說謊的人整體動作都不穩定，**會用手觸碰鼻子或嘴巴等臉部位置、觸碰頭髮、手或手指頻繁動作、屢屢換邊翹腳、抖腳**。

反過來說，若想博得信賴，就必須留意自己無意間的舉止。

英國樸茨茅斯大學所進行的一項實驗顯示，**說話時手部頻繁舞動**

WORD 非語言溝通（Nonverbal Communication）：臉部表情、視線、身體架式、手勢、如何拿捏跟對方間的距離等，除言語之外的溝通方式。

心理檔案 7

識破說謊者的實驗

實驗 1

這是英國樸茨茅斯大學所做的實驗。受試者分別扮演犯人與警察，測驗警察是否能看穿犯人的謊言。此時會請其中一位犯人邊說話邊頻繁舞動手部，另一位說話時則不移動手部。

結果

比起說話時手部不動的犯人，說話時手部經常動作的犯人，被懷疑「這人應該是犯人」的機率接近4倍。

這個人
是犯人
扮演犯人
扮演警察
扮演犯人

實驗 2

加拿大的心理學家赫姆斯利等人，實驗性地製作了竊盜遭捕者的不在場證詞影片。他們共準備了證人看著攝影機說話，以及垂著眼睛說話的2種影片，拿給受試者觀看。

結果

可以信任

「此人是否可以信任」的信賴度得分，碰到目光低垂的人，就會掉到接近一半。由此可知，看著眼睛說話，可以獲得加倍的信任。

的人，比手部不太動作者可疑4倍。另外，加拿大多倫多大學的心理學家**赫姆斯利**等人也透過報告指出，**說話時目光低垂的人，受信任的程度會掉到看著對方眼睛說話的人的一半以下。**

說謊的人，會不知不覺想要別開視線。若不想被戳破謊言，據說在跟對方相視時露出微笑，會有很好的效果。

小知識 許多女性在說謊時仍能注視著他人

說謊的人容易想將目光從對方身上別開，但目前已知若是女性，反而有較多人傾向凝視著對方的眼睛。女性的謊言，似乎很難光憑視線就識破。

從外觀和舉止看穿謊言的方法

說謊的時候，雖然存在個別差異，還是會產生內疚、焦急等感受。這些情緒會在無意識間從臉部表情、身體姿態、手勢等處顯露出來。留意這類外觀的變化，說不定就能看穿對方的謊言。

1 腳部動作

據說腳是最容易透露謊言的部位。就算能夠刻意掩飾表情等處，也不會有心力顧及到腳。

例

- **抖腳、頻繁換邊翹腳：**抱有不安、內心動搖。
- **腳尖向著出口處：**想盡早離開現場的象徵。

2 手部動作

手也跟腳一樣，較神情等處更易疏忽。另外，由於手部能展現出比腳部還要複雜的動作，相應地容易顯露真心。

例

- **頻繁搓手：**動搖的證據。
- **觸摸嘴巴或鼻子一帶：**感到緊張、不安。
- **遮住嘴巴：**想掩飾動搖。
- **放在桌面下或放進口袋：**不想被看穿自身情緒的心理在運作。
- **握拳、叉起雙臂：**警戒或拒絕感的表現。極可能是害怕謊話被拆穿。

3 眼部動作

許多人在說謊的時候，眼睛會到處打轉等等，從目光會洩漏出動搖情緒。

例

- **東張西望：**覺得不安，心中充滿各種想法。
- **目光朝下、別開目光：**很可能是在害怕對方或有虧心事。
- **眨眼次數增加：**覺得緊張或不安，想改變話題。
- **不摘下墨鏡：**抱持警戒，不希望被察覺自己在動搖。

4 表情

包括裝出撲克臉以隱藏內疚等，從臉部表情，意外地難以識破謊言。重要的是去辨別，是否有某些地方跟平常不太一樣。

例

- **表情比平常僵硬：**想掩飾內疚或謊言。
- **頻繁點頭：**不想被問太多，覺得只要自己不講話就沒事，而轉為聆聽角色的心理作用。
- **更少笑或笑過頭：**覺得緊張，內心無法放鬆的證據。為了掩飾，不自然的笑容也可能變多。

5 姿勢

身體動作容易與情感連動。另外，坐在椅子上時，坐得淺或坐得深，有時也能看出跟對方談話的態度。

例

- **屢屢變換姿勢：**想停止對話的跡象。
- **在椅子上坐得很淺：**表示正在緊張或想盡早離去。抑或是對己方還未解除戒心的證據。
- **在椅子上坐得很深：**若是第一次見面就坐得很深的人，便是會以優勢立場帶動談話的類型，因此要注意別自顧自地發言。而若是談話一陣子後出現了這樣的動作，則是已經放鬆下來的證據。

讓謊言現形 02

使人無所畏懼的化妝品謊言

還能帶給他人良好印象

妝容是人格面具的延伸

妝容（**化妝**＊）被認為是**人格面具**＊（persona）的延伸。「persona」一詞意味著希臘古典戲劇中的面具，精神科醫師榮格將之詮釋為**能被他人看見的部分**，這也可說是一種謊言。實際上，有人在素顏時的性格明明比較低調，然而一化了妝，也可能轉變成積極、行動派的性格。

有個實驗曾雇用女學生擔任街訪的採訪者，想比較採訪者以素顏上陣，或由專業化妝師幫忙化妝後再採訪，態度會有何不同。**化有專業妝容的女學生，接近路人時的態度遠比素顏時積極**

WORD 化妝：在日語中也寫成「假妝」（仮粧），除了撲上白粉以美化臉龐等好處，也代表著為隱藏不利之處而粉飾外表，並有虛構、矯飾、渲染等意涵。

妝容、髮型、飾品所顯露的真心話

妝容、髮型、飾品等裝飾，不僅能顯示一個人的性格和愛好，
有時還會顯露出自己未曾注意到的真心。

妝容

濃妝：

- 對自己沒自信，或對周遭過剩地展現自我。
- 想隱藏軟弱或不安。
- 渴望變成不一樣的自己（強烈自我否定，現在的自己不是真正的自己）

自然妝：

- 想展現真誠。
- 希望對方看見自己的真心，或者，渴望對方也能真誠以對。
- 對自己具有某種程度的自信，妝的濃度會隨其程度變動。

素顏：

- 不太有興趣粉飾自己。
- 不重視旁人對外觀變化的反應。
- 不太會因他人的意見而不知所措，多是力行個人之道的類型。

飾品

- 叮叮噹噹配戴大量飾品的人，是對自己沒自信、好虛榮的人。
- 偏好真品、堅持使用工藝家獨一無二作品的人，是保守的頑固型。

髮型

- 露出額頭的人有著坦率性格。
- 用長長瀏海蓋住額頭的人，是想隱藏真心。
- 若是女性，放下瀏海有時可能是為了演出柔弱的自己，是想被保護的表現。

帽子

- 經常戴帽子的人，渴望著充分展現自我。
- 自我意識強勁，喜歡出風頭。
- 有時是藉由有個性、難以親近的形象來拒絕他人。

許多，訪問過程也是一樣，變得自信滿滿，跟素顏時截然不同。或許是實際感受到自己變美的關係，就**連性格都變得大膽而積極**。

化妝不僅能給他人帶來好印象，還能帶動積極且充滿自信的態度，不好好運用就太可惜了。首飾、髮型、服裝等可以改變外觀的東西，都要拿來當成武器巧妙活用。

小知識　頻繁改變妝容的心理

假如對化妝的依賴程度逐漸提升，就必須多多留意。若為追求憧憬的自我而頻繁改變妝容，不久後就會難以滿足，邁向不斷整形的道路。

WORD　人格面具：原指戲劇中演員所佩戴的面具。精神科醫師榮格將人類對外的一面（人格）稱為人格面具。

讓謊言現形 03

談話中流露出的謊言跡象

說謊時會打破4種談話原則

沉默不語、過度發言都有說謊氣味

不僅舉止，從談話也可以識破謊言。對話看似自由來去，實際上經常是照著特定的規則在走，當人打破了這些原則，就很可能是在說謊。

這裡所說的原則，關乎談話的「**量**、**質**、**關係**、**形式**」等4個項目。首先，讓我們先來探討量跟質。

「量」如同字面，是指談話量。變得多話或變得沉默等，**當對話的量不自然地多於或少於平時**，就有極高的可能性是在說謊，比如講述著事先準備好的情節，或者反過來，為免露出馬腳

識破違反談話原則的謊言

心理學家麥柯馬克指出，
當說話對象違反談話時應遵守的4項原則「量、質、關係、形式」時，
人就會覺得對方「正在說謊」。

量的原則

是否傳達恰到好處的情報量

講述者將情報告訴聆聽者時，不可說得太多，也不能說得太少的原則，否則對方會懷疑是否有正確表達。

滔滔滔滔滔滔
滔滔滔滔滔滔
滔滔滔滔滔滔
滔滔不絕……
連不需要的東西
都講了
是不想被我
問問題嗎？

質的原則

講述者是否認為這番話是真的

應該據實以告的原則。當其根據值得懷疑，或說話者自己也不相信內容為真，就不應該糊里糊塗地採信。

聽說K
當場抓到
男友外遇
跟出軌對象
大吵一架！

關係的原則

是否說著跟話題脈絡無關的事情

說話內容不可太過偏離脈絡的原則。有時是不想繼續話題，或在兜圈子表達拒絕。

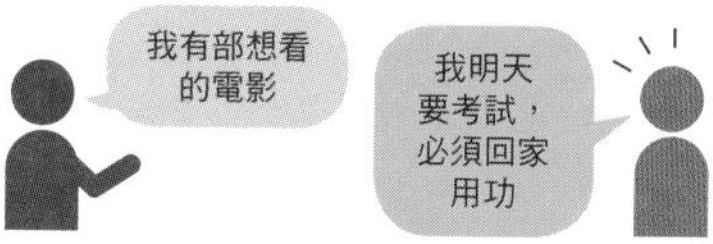
我有部想看
的電影
我明天
要考試，
必須回家
用功

形式的原則

言詞表現是否曖昧

在談話之際，應盡力避免曖昧表現，並以易懂方式依序表述的原則。用詞曖昧，極可能是有難言之事，不想講清楚。

你昨晚做了
什麼
三言兩語
很難說
明……

而減少發言等。

其次是「質」。這條談話原則是**不能說謊，或說沒有根據的事情**。不說謊如同字面，當發言者說著自身也不相信，或者真假難論的內容時，就必須留意。

舉例而言，「〇〇那傢伙，說他跟藝人交往過喔」之類的發言，內容並沒有根據，說的人大概也沒有當真，因此不應馬虎聽信。

小知識　用測謊機來識破謊言？

人在說謊時會很緊張。測謊機能測量血壓和心跳的變化等，透過人類生理現象的變化，來判斷受測者是否在說謊。不過，由於個體差異很大，一般認為科學根據較為薄弱。

讓謊言現形 04

異於平時的說話方式是說謊跡象

人說謊時的語調會跟平常不同

談起沒有關聯的事情給予曖昧回應

說謊的人出於「要是被拆穿怎麼辦」的心理，常會無視談話的脈絡或者曖昧應答。像這種情況，**當人脫離了一般談話的原則，就有說謊的疑慮**。此篇就讓我們來探討對話4大原則（▼P104）中的**關係**和**形式**。

對話之中，存在著承接對方所說內容、予以應答的「關係」。例如當有人說「要一起去吃飯嗎？」卻回答「我明天要考試耶」，便成了無視關係的對話。這就**有相當高的可能性，是想要改變話題，或者兜圈子拒絕**。

心理檔案 8

聽見開心的內容後容易受騙

實驗 文京學院大學的村井教授，為了解對話中的回覆形式會讓對方有何感受，而做了以下的調查。

- 甲跟乙交往了3年。
- 某晚，甲打電話給乙，卻一直沒人接。
- 隔天，甲在路上偶然遇見乙，表示「昨晚我打了好多次電話給你」。

對此，乙採用以下 3 種形式回答。村井教授做了調查，研究大家認為之中哪種回答最有說謊的疑慮。

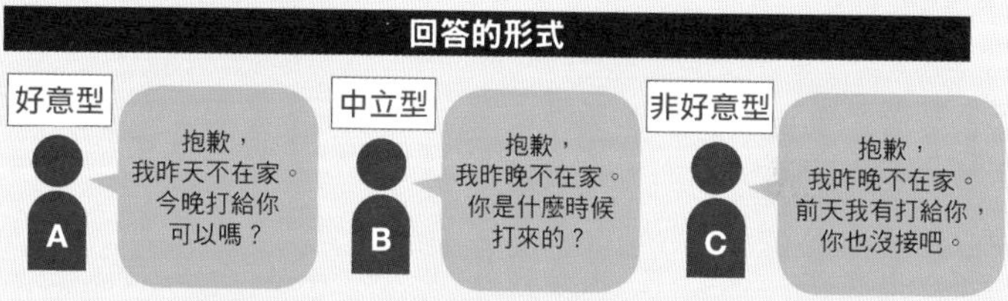
回答的形式
好意型
A
抱歉，
我昨天不在家。
今晚打給你
可以嗎？
中立型
B
抱歉，
我昨晚不在家。
你是什麼時候
打來的？
非好意型
C
抱歉，
我昨晚不在家。
前天我有打給你，
你也沒接吧。

結果 A的好意型回答是最沒有說謊的氣息。B、C隨著好感度下降，令人懷疑的程度（欺瞞度）也跟著上升（右表）。
由此得知，聽見好意型回答的時候，甲會覺得乙很關切自己而感到開心，也比較不會懷疑乙是否在說謊。

圖　聽見令人開心的內容就不會覺得是謊言

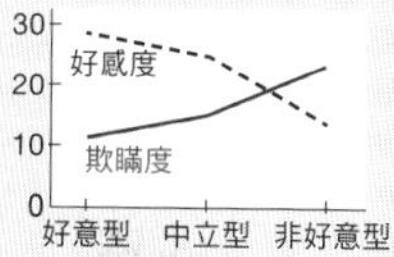
30
20
10
0
好感度
欺瞞度
好意型
中立型
非好意型

而在對話裡頭，也很要求避免模糊呈現、應按順序明確傳達的「形式」。被問到「你剛剛在做什麼？」時，若回答「發生了很多事情……」等，便是**具有難言之事，或不想被發現話中的矛盾**。

不過，由於說話方式會反映一個人的個性和習慣，就算不符合原則，也未必一定是在說謊，重點在於判別**是否異於平常**。

小知識　男性比較會說謊？

心理學家羅貝爾在實驗中請來幾位男女，解答數道問題。實驗刻意準備了一些沒有正確答案的問題，有超過7成的男性會說謊，說自己連這些問題都答對了（女性則約3成）。這是因為性別角色（社會對性別的期待）對男性產生了較強烈的影響。

對了，愛美有交往對象嗎？
MUSIC FES
咦～～我看起來有嗎？
我老是呆呆的，不太受男生喜歡啦～
有好對象還請幫我介紹
原來她沒有戀人啊，明明那麼可愛
你在說什麼啊，一定有好不好
咦？可是她剛剛說……
你很天真耶～她完全沒說她「沒有戀人」呀
是、是喔
妳好敏銳……
是啊

讓謊言現形 05

從對方的答話方式識破謊言

細細追問就會出現各種矛盾

別詢問可用「是」、「否」回答的問題

在擅長說謊的人當中，某些能手並不會從舉止和對話露出馬腳，但只要發問方式用對了，還是可以識破謊言。

問題分成可用「是、否」回答，以及無法如此的類型。前者稱為**封閉式問句**＊，例如「有沒有戀人？」這樣的問題，就可以用「是、否」來回答。後者則稱為**開放式問句**，例如「昨天做了什麼？」等，就是無法用「是、否」回答的問題。想要拆穿謊言，反覆提出開放式問句，將會有很好的效果。

例如若認為戀人說不定正在

WORD 封閉式問句／開放式問句：只能用「是、否」回答的問題，稱為封閉式問句；而「心情如何？」等可自由選擇回答方式的問題，則稱為開放式問句。

引謊出籠的發問技巧

就算是說謊不形於色的人，在碰到一連串問題時，也會顯露矛盾。

例 懷疑戀人出軌時

詢問形式①　「你有外遇吧？」

➡碰到封閉式問句，對方可能會回答「沒有外遇」了事，但從答覆內容，也可以看穿謊言。

你覺得我
有外遇嗎？
我怎麼可能
那麼受歡迎

避免直接回答，明明沒問，卻若無其事說著一些什麼，這就是無法講明「沒有外遇」的證據。透過兜圈子的回答，來削減自己的罪惡感。

詢問形式②　「你昨晚去哪裡了？」

➡無法以「是、否」回答的開放式問句。
不斷提出問題，使謊言難以臨時成形。

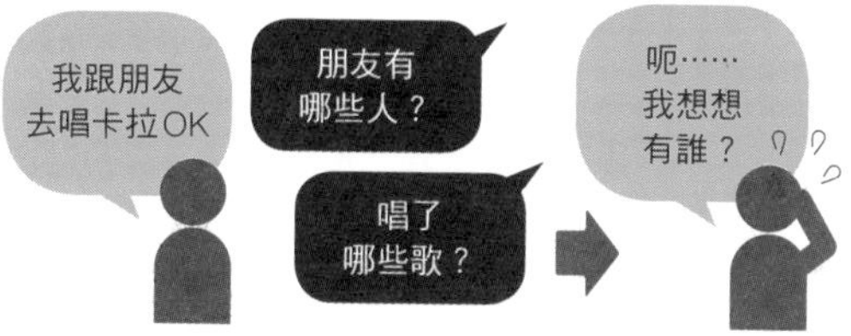
我跟朋友
去唱卡拉OK
朋友有
哪些人？
唱了
哪些歌？
呃……
我想想
有誰？

迴避明說、曖昧以對，是因為沒有編織謊言的時間，無法明確回答所致。若提出「沒搭上末班車……」等等不必要的情報，就是想提升可信度的證據。

偷偷出軌，比起突然質問「你外遇了吧？」這種封閉式問句，更建議利用開放式問句，例如「你跟朋友去唱卡拉ＯＫ？唱了什麼歌呢？」逐步地確認事實。

謊言必有矛盾。將部分話語化為謊言，雖然相當輕而易舉，拿謊言行遍天涯，卻是不可能的。面對這類詢問，如果對方選擇「唱了很多歌，所以不記得」等**避免明說的回答方式，就很有可能是在說謊**。

用這招！ 心理技巧

留意對方回答時所費的時間

回答問題所花費的時間長度，同樣相當重要。如果是真話，不論被問什麼都能馬上答出；但若在說謊，就需要思考的時間，因此無法立即回答。

讓謊言現形

06

哪種謊言難以看透？

「令人佩服的謊言」與「情勢湊巧的謊言」圈套

你們知道了嗎？
小川那傢伙，
好像被○○證券
錄取了喔
真的
假的
跟小川
應徵同間公司
但落榜
…
那傢伙
有那麼認真
找工作嗎
不不不，
雖然這只是我
偶然聽到的……
那傢伙的老爸，
不是在關係企業工作嗎？
好像是攀關係進去的啦
這樣子嗎？
真的
嗎！
也是啦—
?
果然！
我早就覺得
一定是有什麼內情

情勢湊巧的謊言助人逃避現實

有些謊言容易識破，有些則不易。具代表性且難以看穿的謊言，就是**理由很煞有其事的謊，以及對說謊者恰巧方便的謊**。

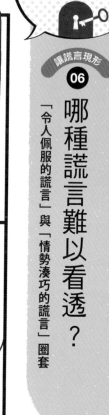

面對眼前發生的事，若無法獲得說明，人的心情就會過不去。舉例而言，知道朋友跟戀人分手了，就會很想了解原因，這時若從第三人聽聞煞有其事的謊言，像是「因為對方出軌了」，就會不經確認地選擇相信。

另外一種，對自己而言恰巧方便的謊，同樣很難破除。假設同期進公司的同事比自己更快晉升，而其他同事表示「因為常務

堅實謊言的成立條件

謊言也是在說話者與聆聽者間來去的一種交流。
倘若說話者跟聆聽者雙方的性格和心情等彼此契合，
謊言就會輕易成立，變得難以識破。

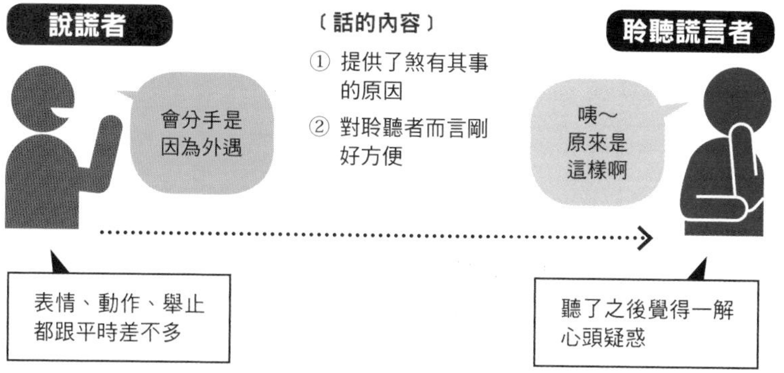
說謊者
會分手是因為外遇
〔話的內容〕
① 提供了煞有其事的原因
② 對聆聽者而言剛好方便
聆聽謊言者
咦～原來是這樣啊
表情、動作、舉止都跟平時差不多
聽了之後覺得一解心頭疑惑

情報差距較大的謊言，同樣難以識破

當只有說謊方掌握著眾多的情報，謊言就會難以拆穿。碰到有疑義的話題，重要的是取得多一點情報後再下判斷。

……喜歡那傢伙，他才能升職」、「因為他是社長的親戚」等，聽見這類不符合事實的說明，就算沒有證據，你也會很積極地囫圇吞棗。這是因為**你想盡力忽略**「自己的能力不符合晉升資格」、「自己的業績比較差」等等**事實**所致。

就像這樣，樂於接受對自己而言方便的事實，就稱為**自利偏誤**＊。難以看穿的謊言，就結果而言，其實是由說謊者和聆聽者聯手打造出來的。

小知識 失敗的記憶容易忘卻

自利偏誤對記憶也有影響。快樂的事情、成功的經驗總會常留於心，受苦和失敗經驗則容易如東流水。

WORD 自利偏誤：認為事情順利的原因在於自己，不順遂的原因在於外界。會將自己的失敗評價得過輕，另一方面，也容易將他人失敗評價得過重。

你不想欺騙的對象是？

Q 假設你是一位準備騙婚的女性。下列A～E之中，你「最不想將他當成肥羊」的男性是哪一位呢？

A

菁英風、有智識的律師型

B

認真穩重的教職員型

C

長相不太及格，感覺起來卻很有錢的類型

D

看起來很有威嚴，身體健壯的運動型

E

帥氣又清新的模特兒型

解說➡P187

PART

6

大腦會說謊

在大腦之中，存在著大量我們尚不了解的未知領域。
看到不該看到的東西、被虛假記憶所騙……
這一章，我們將來探討大腦和謊言的關係。

大腦謊言 01

騙過大腦，不可思議的錯視

撞鬼是腦袋編織出的謊言

大腦一搞錯就會看見各種東西

照片裡出現了不認識的人；一瞬間彷彿看見了長髮女性，仔細一瞧卻誰都不在……。這就是大家俗稱的撞鬼，但在不少情況下，其實皆是大腦錯誤感知下的「**錯視**」現象。我們的大腦，非常容易產生誤會。

將圖案或形狀看成人和動物的姿態等，這種心理現象稱為**幻想性視錯覺**＊。年幼孩童看著天空中漂浮的雲朵說「是羊！」就是幻想性視錯覺的一種；將魚頭部的花紋看成人臉，所謂的「人面魚」，同樣是幻想性視錯覺的典型案例。**人類的大腦只要找到**

WORD　幻想性視錯覺（Pareidolia）：牆壁的裂縫、雲的形狀等，將不定形物體看成動物或人臉等，屬於錯視（錯覺）的一種。一旦看成某種型態，就很難再改變看法。

各式各樣的錯視現象

「錯視」是大腦的錯覺，除了「幻想性視錯覺」之外，
還存在著形形色色的錯視現象，讓我們來介紹這些例子。

與物體運動相關的錯視

當某物移動，靜止的物體看起來就像在動。
【例】站在海岸邊，看起來就像自己在動。

在動的是誰？

月球的錯視

比起位於身體「上方」的物體，人類大腦傾向認為位於「前方」的物體「比較大」。
【例】位置靠近地平線的月亮，看起來非常巨大；升至空中的月亮，看起來卻很小。

月亮很大

顏色的錯視

顏色的濃淡和面積，在周遭其他顏色的影響下，會看似產生了差異。
【例】雖然是相同顏色，周遭環繞著明亮色澤的B，看起來卻比較濃。

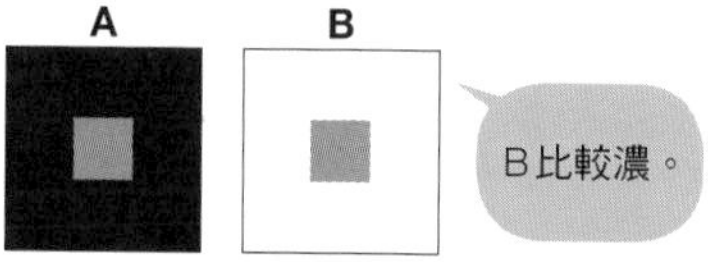
A
B
B比較濃。

幾何學的錯視

位在附近的線條和形狀，會使物體的大小和圖形看起來異於實際。
【例】箭頭畫的方向不同，就算是等長的直線，看起來也不等長（參照次頁）

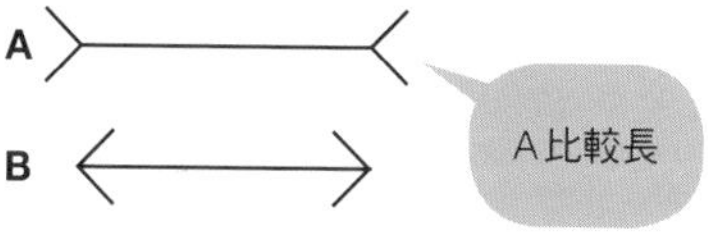
A
B
A比較長

類似人或動物的姿態，就算很清楚那些東西實際上是雲、是魚，**還是很難逃離這樣的錯視**。

一個相當著名的幻想性視錯覺事件就是1976年發生的「**火星人面岩騷動**」。在NASA探測機所拍攝的火星照片中，因「出現酷似人臉的岩石」而轟動一時，這也隱約顯示出智慧生命體存在的可能性。後來NASA證明那只是塊單純的岩石。看來「大腦的謊言」，有時也會展現出我們對未知事物的「夢想」。

小知識　大腦弱於判斷似臉的形體

就像「人面魚」、「人面岩」等例子所示，人類有將「看起來像人臉的東西」直覺性捕捉成「臉孔」的傾向。如果你碰到了「鬼」，不妨定下心來認真凝視看看。

看得見？看不見？五花八門的「錯視」世界

在某個條件之下，包括長度、大小、角度、顏色等，
看起來跟實際上並不相同，就稱為「錯視」，
這是大腦產生的一種騙局。讓我們來介紹代表性的其中幾種。

大腦誤會所引起的「錯視」

所謂錯視，按字面上讀來就是「眼睛的錯覺」，但實際上引起錯覺的，大多都是「大腦」，因此可稱為「大腦的錯覺」。

類型諸如大小、長度、方向、角度等看起來異於實際的「幾何學錯視」；相同顏色在某些條件下看起來像是不同顏色或因顏色導致大小看起來不一致的「色彩錯視」；靜止的圖案看起來在動、筆直物體看起來像彎曲的「動態錯視」等。

錯視的原因依類型而異，形成原因大多尚未可知，無論如何，就讓我們試著享受「看得見？看不見？」的樂趣吧。

錯視 1
謬勒・萊爾錯覺

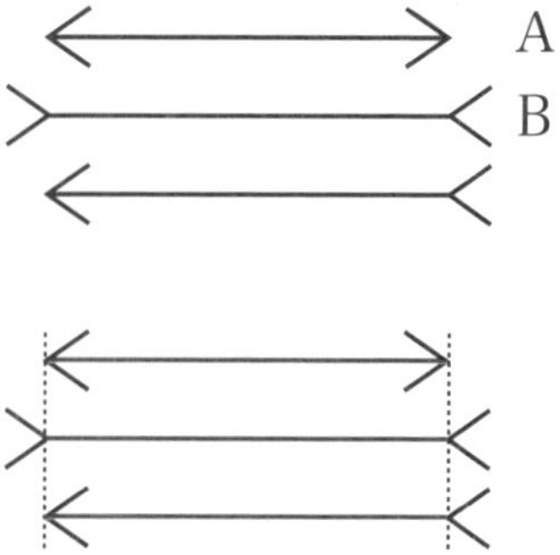

在等長線段的兩端畫上箭頭線。實際上都是等長的線段，箭頭指向外側的線看起來卻會比較短（A）、箭頭指向內側的線看起來則比較長（B）。

錯視 2
斐克錯覺

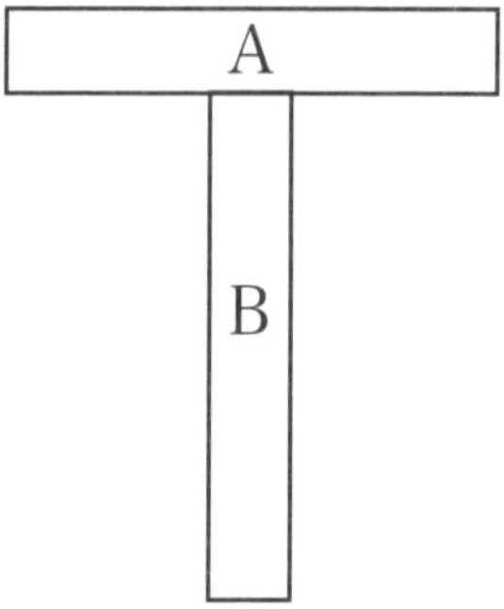

長度相同的圖形，直放時感覺起來比橫放時還要長的錯覺。

錯視 3

左氏錯覺

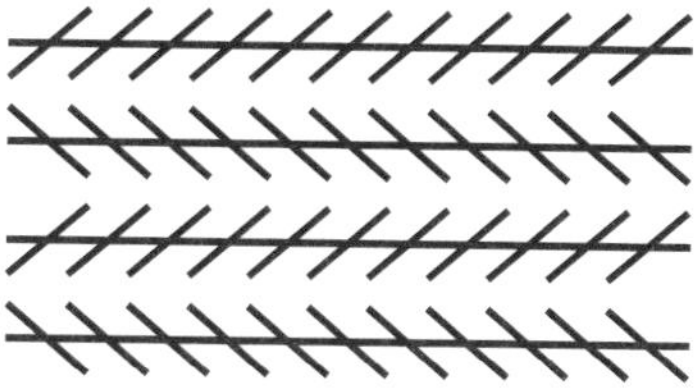

圖中4條線段（橫線）全部平行，但在畫上細羽狀線段（斜線）後，平行線看起來卻是歪斜的。羽狀線的角度愈鈍，錯覺就愈明顯。

錯視 4

赫林錯覺

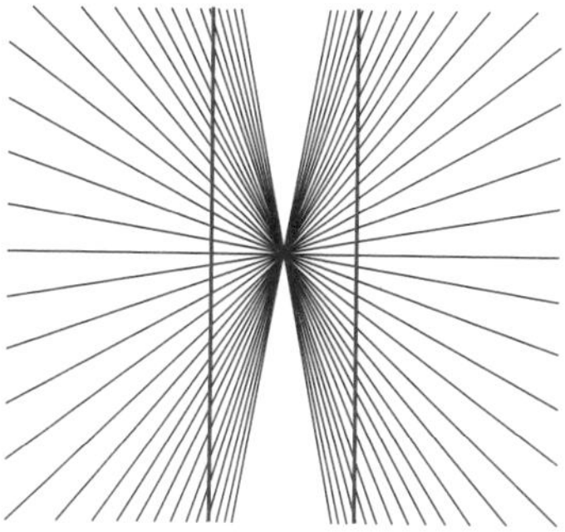

直畫的2條線明明是垂直線，受到背景線段畫法的影響，中間部分看起來就像往外彎曲。

錯視 5

德勃夫錯覺

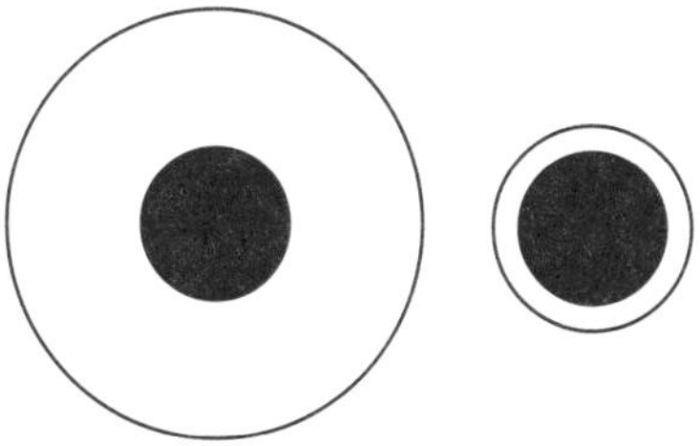

畫出2個一樣大的圓，一個在邊緣畫出大的同心圓，另一個則畫出小的同心圓，大小看起來就會跟原本不同的錯覺。

錯視 6

大內錯覺

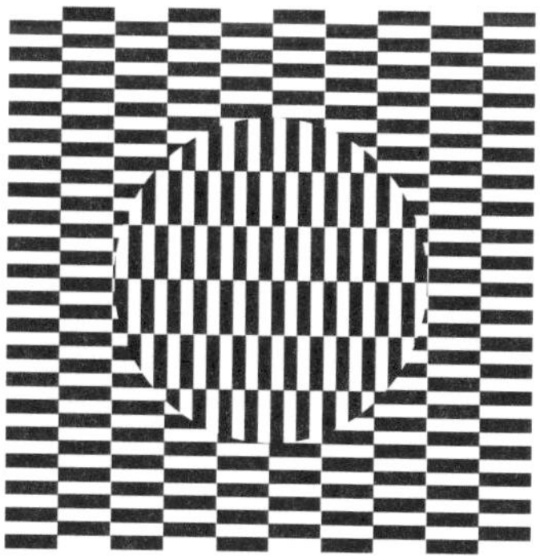

明明是靜止畫，看起來卻像在動的錯覺。圖案的中央部分，跟周圍背景的部分，看起來就像在各自緩緩移動。

大腦謊言 02

美好回憶愈想愈美

人類的大腦會美化回憶

愈正向的回憶 愈會成為美好記憶

人類的**大腦**在忘掉事物，想再召喚出那份回憶之際，會將**記憶**＊刻劃得更加深刻。

人的回憶和印象，可分為積極明朗的「正面內容」、消極陰暗的「負面內容」，以及「不上不下的內容」等三類，在最開始，正面記憶和負面記憶都會以相同方式記憶到大腦裡頭。

不過，由於人類的大腦相當重視合理性，**面對耿耿於懷並會成為負擔的負面記憶，就會有意識地去壓抑，以便讓自己漸漸地難以想起**。

另一方面，如孩童時期的快

WORD 記憶：指大腦將過去記下的事物藏放在心中。其過程包括「記憶」（銘刻）、「維持記憶狀態」（保持）、「回憶」（想起）等 3 個階段。

人生中印象最深刻的事情？

人類的大腦，在憶起正面回憶的同時，
也會發揮忘卻負面情事的功用。

測驗 請針對以下問題，分別寫出3項答案。

①你最近體驗過，印象深刻的事情是？

(　　　　　　　　　　　　　　　　)

(　　　　　　　　　　　　　　　　)

(　　　　　　　　　　　　　　　　)

②到目前為止，你人生中最難忘懷的回憶是？

(　　　　　　　　　　　　　　　　)

(　　　　　　　　　　　　　　　　)

(　　　　　　　　　　　　　　　　)

診斷 據說在大部分情況下，問題①的答覆會出現較多「負面回憶」，而問題②的答覆則會出現較多「正面回憶」。負面記憶雖會在短期內留下強烈印象，隨著時間經過，大腦的作用卻會使正面記憶強烈留存。

樂體驗那般，回想時能夠帶來快感的記憶，則會反覆想起，刻劃成深遠的回憶。不僅如此，大腦還會逐次改寫出更適合的內容，再儲存起來，因此**人類的回憶和印象，都會隨著時間經過，變得愈來愈正面**。

換句話說，**大腦會說謊，將記憶幻化成美好事物**，這可以說是人為了維持生存的一種本能。

小知識　初戀的對象永遠美好……

「跟初戀對象重逢，印象大有不同而感到失望」，這種事情經常可見。或許大腦每回重現初戀這份美麗回憶時，都會按情況竄改內容，才導致了這樣的結果。

大腦謊言
03
將虛假記憶當真
人的記憶也會因他人話語而變動

我回來了~！
我有買伴手禮喔
啪噠
哎唷，姐，
去房間睡啦……
♪
哇，蛋糕！
來吃吧
翌晨
奇怪？
蛋糕不見了
姐妳不記得啦？
妳昨天自己
吃掉了喔
呃？
這樣子嗎？
是喔？
吃得很
津津有味呢
草莓口味的！
好像真的是這樣……
那我來吃
蒙布朗好了
邪笑

對方的一句話就能扭曲記憶

人類大腦受談話對象的發言影響，而捏造出「**虛假記憶***」，這絕非罕事。心理學家**圖威**曾以極其簡單的實驗，證明了這件事情。

首先，他對眾受試者展示雜亂放著沙發、辦公桌、餐桌、電視、電腦等物品的房間。接著他將受試者分成兩組，對其中一組表示「在剛剛的『**客廳**』裡」，對另外一組則表示「在剛剛的『**研究室**』裡」，要受試者們回憶空間中放了些什麼東西。

受試者被「客廳」、「研究室」等詞彙影響後，分別憶起了

WORD 虛假記憶：有別於事實，被捏造出來的記憶。當「真實記憶」搭配上「異於事實的情報」，就容易孕育出虛假記憶。因此，會帶來「不同於事實的情報」的他人言詞，能夠產生非常大的影響。

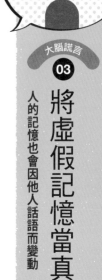

記憶可以輕易捏造

實驗 心理學家安道爾・圖威（Endel Tulving）對幾位受試者展示了凌亂放著辦公桌、餐桌、電腦、電視等物品的房間，其後將受試者分成兩組，分別提出不同的問題。

請回憶剛剛那間客廳裡放了什麼
A組
請回憶剛剛那間研究室裡放了什麼
B組

結果 A組想起了沙發、電視等一般客廳裡會放的東西。其中也有人主張「絕對沒有電腦」等，將有的東西說成了沒有。
相對於此，B組則想起了電腦、辦公桌、文件等，像是研究室裡會放的東西。其中也有人表示「有字典」等，回想起了實際不存在的東西。

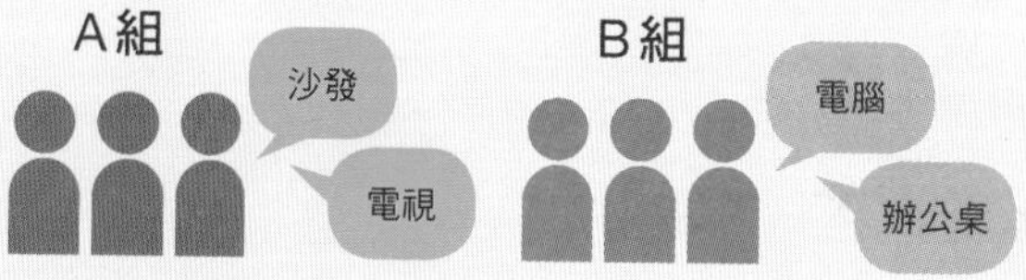
A組
沙發
電視
B組
電腦
辦公桌

由此可知，記憶可以刻意操作。

在這類房間裡可能會有的物品（見上圖）。**明明看了相同的東西，卻會因為詢問方式的不同，而喚醒不同的記憶。**

從這個實驗可以得知，我們的記憶有多模稜兩可。換句話說，這也代表著在需要憶起某事的時候，倘若被他人灌輸了虛假的情報，我們也有可能會信以為真。

小知識　誘導詢問受到禁止的緣由

面對案件的嫌疑犯，採用可引導出特定答案的詢問方式，就稱為誘導詢問。由於誘導詢問有攪亂對方記憶、影響回應內容的疑慮，在法律上是受到禁止的。

大腦謊言

04

大腦會擅自捏造記憶

深信體驗過沒發生的事情

你會想起完全沒體驗過的事情嗎？

記憶跟事實有著微妙出入，這種情形相當常見，但也有某些案例，並不是如同這樣子的記憶錯誤，而是不知為何，將完全沒發生過的事情，當成了自己體驗過的記憶。

這在心理學的世界，稱為**「提取記憶的謬誤*」**。**積累在大腦中的情報，會在不知不覺間改變形貌，最後提取出錯誤的情報。**

提取記憶的謬誤受到關注，最初是在八〇至九〇年代。開端是北美的心理治療方法，在療程中，「幼兒期被雙親虐待的記憶

WORD 提取記憶的謬誤：對實際上完全沒發生過、自己不曾體驗過的事情衍生出了記憶。

心理檔案⑩

記憶可以隨後培植

實驗

心理學家海曼（Hyman）的研究團隊，對大學生受試者的父母親們做了事前調查，詢問大學生們「2～10歲期間發生過的事」。接著再告訴眾大學生受試者，「這個實驗是為了測驗你們能夠多麼詳細地回想起父母所提供的幼時情事」。

▼

研究團隊選出爸媽們所說的3項實際事件，並加入一項虛假情報，也就是這些學生們實際上從未有過的體驗：「5歲時參加結婚典禮時到處亂跑，翻倒整碗水果調酒，灑到了新娘的爸媽身上」。

▶ 把整碗水果調酒灑到新娘的爸媽身上

↑ 非關事實的假情報

結果

研究團隊要求受試者每隔一天就回憶這些事件，共做3次。隨著回憶次數增加，想起翻倒水果調酒假情報的人數也變多了。

第1次	0％
第2次	20％
第3次	40％

我在結婚典禮上打翻了水果調酒……

▶ 因認定「是爸媽確認過的事情」，而形成了「虛假的記憶」。

曾被壓抑，如今甦醒了」的報告相繼出現。匯報自己曾遭雙親虐待的人大量出現，但經過審慎的調查，卻發現某些案例所稱的受虐體驗，其實根本無以為據。

實際上，**這些大多是在接受心理療程後才培植出來的記憶**。雖然記憶極其具體且栩栩如生，卻不是真正發生過的事情。

就像這樣，人類的記憶有時會相信莫須有的事情「曾經發生」。

小知識　幼年時的記憶出入

一般而言，3歲以前的記憶是想不太起來的。假如在那之前的記憶相當鮮明，有可能只是將其後聽家人說的情節，吸收成自身的記憶了。

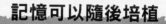

大腦謊言 05

欺騙大腦可以治病

正向確信可以招來幸福

只要深信不疑 假藥也能發揮效用

安慰劑效應*不僅在心理學，在生理學上同樣是最不可思議、最難解的現象之一。這是**當患者深深相信「會有效」，就算投以假藥，也能產生實際效用的**現象。它在1955年由哈佛大學的麻醉學者**畢闕**（Henry K. Beecher）提出而廣為人知。

安慰劑效應說穿了就是大腦的**確信（暗示）**，因此就算能對痛楚等當事人會意識到的症狀產生效用，對於如血液檢查等與本人意志無關的檢驗數值，應無法造成影響才對，然而實際上，**有時就連這些數值都會產生變化。**

WORD ▶ 安慰劑效應：就算拿不含藥效成分的假藥（placebo）當成「藥物」來投藥，患者的病況也能好轉的治療效果。語源來自拉丁語中的「使喜悅」。

各式各樣的安慰劑效果

因為相信「會有效」，就算吃的是假藥，疾病仍然痊癒了。
關於安慰劑效果，曾經有過各式各樣的案例。

主要的安慰劑效果

1. 喝了其實不是酒的無酒精飲料，卻醉了。
2. 如保齡球等，將自己的平均分數提升到超出現況，創下了高於實力的成果。
3. 用功時想著「自己很會念書」，使得成績變好。
4. 明明服用了假藥，卻實際出現了真藥才會有的副作用。
5. 治療傷口時，「假手術」也會產生效果。

這是酒
我醉了

手術把我治好了
其實沒有動手術

藥的顏色也會影響效用

藥的實際效用會因顏色而異的現象，也跟安慰劑效應很相近。根據研究，憂鬱症以「黃色的藥」最有效，想給患者刺激可用「紅色」，緩和不安可用「綠色」，此外如胃潰瘍等腸胃不適的情形，則是「白色的藥」最容易緩和症狀。這是因為人類會受到顏色和形狀的大幅影響。

人會本質性地相信「疾病會痊癒」、「疾病可以靠自力治好」，安慰劑效應的例子就證明了**大腦能夠透過自我暗示找回健康的超級力量**。

來自密西根大學的史考特（David J. Scott）等人的研究指出，大腦中有一個會對報酬、快感、恐怖等情緒發揮重要效用的部位叫做「**依核**」（Nucleus Accumbens，NAC），安慰劑效應或許就是該處對於「預期報酬（藥到病除）」的回應效果。

小知識　假藥也能治「憂鬱」？

一般認為假藥對於「疼痛」、「腹瀉」、「失眠」等症狀尤其有效，針對「憂鬱症」的研究最近已有斬獲，可減少有害副作用的「假抗憂鬱劑」正在引發關注。

大腦謊言 06

自己編的虛構故事可以成就人生!?

人生會按腦中打造的情節演變

童年時描繪的人生腳本將會主導人生

不論是誰，都會想「按自己的判斷度過人生」。不過，根據以**人際溝通分析***聞名的精神科醫師**艾瑞克·伯恩**所提倡的**人生腳本理論**，人從小就會在無意識間描繪自己未來的腳本。不僅如此，**此人往後的人生，也都會被這部人生腳本所支配**。

人生腳本的梗概，大致上會在最晚約7歲前建構完成，而腳本的基調，大多都取決於雙親在童年時期所給予的訊息。

舉例而言，若是雙親經常說出溫柔話語、給予肌膚接觸等，**沐浴著大量「正面訊息」長大的**

WORD 人際溝通分析：1950年代後期，美國精神科醫師艾瑞克·伯恩（Eric Berne）所提倡的心理學理論之一。是在人格、個人成長、變化方面的系統性心理治療理論。

改寫不幸的人生腳本

由於「人生腳本」位處深層心理，自己並不會發覺。
因此就算重寫腳本，也很容易就會恢復原狀。不過，據說若以「改寫人生腳本就能變幸福」的積極思維來面對此事，還是有可能成功改寫。

改寫人生腳本的方法

1. 回想童年時期深留於心的糟糕親子關係或是跟周遭大人間的關係。
2. 想像「若能變成這樣就好了」，並把這些事情寫出來。
3. 登場的人名保持真名，將想像的情景以「童話」的形式整理在紙面上。
4. 試著出聲朗讀完成的「童話」。
5. 在反覆朗讀的過程中，潛意識就會被改寫，湧現正向的心情。

媽媽很嚴厲，
但那是出自於愛
……託她的福，
我才能
跨越難關
讀著讀著
就變得
好正面

小孩，描繪出的人生腳本就會是「自己是被愛的、可以變幸福的存在」。

相反地，若是在成長過程中接收冷漠言語、不關切的態度等「負面訊息」的孩子，描繪出的人生腳本就會是「我這個人不論做什麼都會失敗。沒人會愛我，我也不會變幸福」，並且如同印證一般，走出「不幸的人生」。

小知識 擺脫不幸的腳本

想逃離不幸的人生腳本，有意識地描繪如「我要比別人努力，成為比任何人都被愛的人」的「對抗腳本」，效果將會很好。順利的話，就可以擺脫不幸的人生。

你做的夢是？

Q 請從下列A～D群之中，圈出過去夢境中所有留下印象的人、事、物。

A 群

公司	百貨公司
外國人	名人
祭典	駕駛
購買	紅色
樓梯	大象

B 群

車站	廁所
爭執	鏡子
討厭的人	說謊
貓	旅行
黃色	墜落

C 群

大海	綠色
工作	唱歌
吃	游泳
水果	山
牛	小孩

D 群

家	森林
兄弟姐妹	走路
回家	結婚
柳橙	狗
追逐	被追

解說➡P187

PART

7

以謊言維繫人際關係的心理

說謊本是不可為之事。
但就如同「說謊亦方便」這句俗語所說，
謊言用得好，也能成為溝通道具，使人際關係更加圓滑。

今天
也沒跟任何人
講到話……
在公寓碰到人，
就算硬裝，
還是要笑著打招呼才行
您……
您早啊
2週後
早安
早。
要去上班啦？
已經春天
了呢！
1個月後
您早
早安
是、是啊

人際關係之謊 01

謊言的正面力量能創造良好關係

提升自我評價的謊言

就算說謊也好 獲得稱讚能讓人放鬆心懷

前面已經提過，謊言有鼓舞人心、使想法更積極的效果。在這一篇，就讓我們來探討，該如何利用謊言的正面力量，使人際關係變得更好。

想跟他人培養良好的關係，首先必須擁有適切的**自尊感**＊。所謂自尊感，就是**對於自身的評價**。當評價很低，就會認為「自己沒有價值」、「自己還是不在比較好」等，無法順利地與他人建構關係。此時就有必要累積獲得稱讚、創造自信的體驗，使自尊感回復。

為此可以採取的簡易方法，

WORD 自尊感：喜愛自我，認為自己具有價值的一種情感。包括「自己是自己」的「基礎自尊感」，以及能實際感受到「正在幫上某人的忙」的「社會性自尊感」。

從謊言導向「ach體驗」

累積「ach體驗」，可以恢復自尊感。
請家人或朋友協助進行，效果會更好。

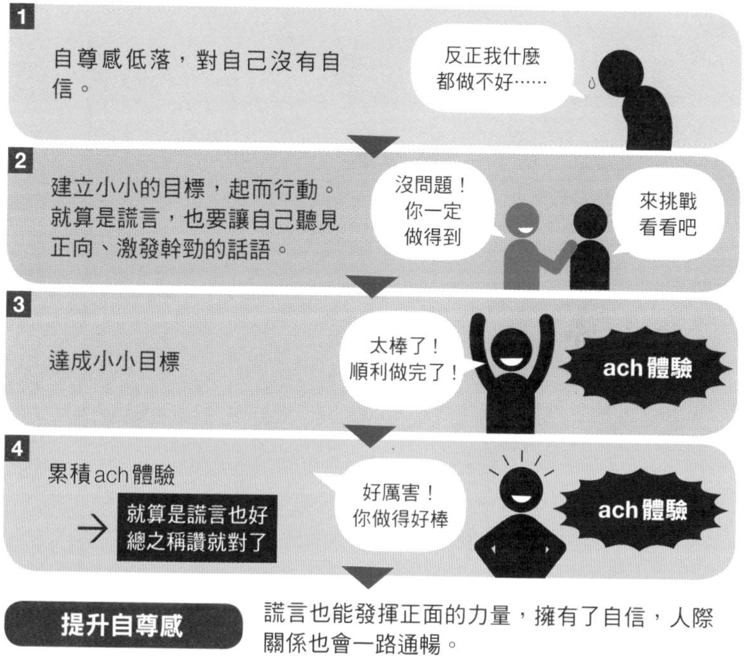
1
自尊感低落，對自己沒有自信。
反正我什麼都做不好……
2
建立小小的目標，起而行動。就算是謊言，也要讓自己聽見正向、激發幹勁的話語。
沒問題！你一定做得到
來挑戰看看吧
3
達成小小目標
太棒了！順利做完了！
ach體驗
4
累積ach體驗
→ 就算是謊言也好 總之稱讚就對了
好厲害！你做得好棒
ach體驗
提升自尊感
謊言也能發揮正面的力量，擁有了自信，人際關係也會一路通暢。

就是利用「ach體驗*」來稱讚自己，例如「每天都要笑著打招呼」等，就算是小事也不要緊。訂好目標，做到了就稱讚自己，自尊感就會一點一滴地恢復。

另外，受到他人稱讚，效果還會更好。近來在培育運動員、職員教育、育兒等方面，**通常都會使用稱讚培育法**。就算說謊也好，不斷稱讚「做得好！」、「了不起！」是提升自尊感很重要的一環。

小知識　說謊也可行的鼓勵培育效果

當人受到稱讚，就能培養自尊感。從小就一路獲得稱讚的人，跟並非如此的人相比，不論什麼事情，都更能積極投入，這將能幫助構築良好的人際關係。

WORD ach體驗：能夠獲得成就感的體驗。源自於達成某事、獲得認可等時刻，會不自覺脫口而出的德語詞彙「ach！」（太棒了！）。

人際關係之謊 02

好的說謊方式與壞的說謊方式

稱讚對方時，要以謙虛的心情說謊

說謊的方式也有好與壞

即便是謊言，仍然能讓人打起精神、增強實力。雖說如此，卻也不是花言巧語把人捧上天就行了。

人在評價自身和對方的時候，會想跟其他人的能力和態度互做比較。這在心理學中稱為**社會比較理論***，分成**向上社會比較**與**向下社會比較**等兩類。高明的謊言，就是立基於向上社會比較的謊。

所謂向上社會比較，就是奉承對方比自己優異的部分，予以稱讚。「（跟我比起來）你比較厲害喔」，換句話說，這就是**謙**

WORD 社會比較理論：想要正確評價自己的能力和態度時，會拿相似他人的能力和態度來比較判斷。

容易反映出謊言效果的性格

就算是說謊，被人稱讚「你很有實力」，
成績有可能會真的變好。
有些性格特別容易反映出這類「謊言的效果」。

你是哪種類型？

【外控型】

容易將失敗原因歸咎於自身以外的外在環境等方面。這種人很少煩惱，不懂得反省，因此會重複相同的失敗。

【內控型】

傾向反求諸己，探討失敗的原因。這種人容易陷入苦想而產生壓力，但反省會帶來下一次機會。

我身處電視、電動等
誘惑眾多的環境，
所以沒辦法好好念書
只要我有努力，
成績一定會變好

謊言容易對內控型的人發揮效果

內控型的人相信「努力會有回報」，因此「謊言的稱讚效果」更容易成真。

你很有
實力喔
下次考試
我會拿到
更好的分數

虛之謊。向上比較哪怕只是場面話，也能使人心情愉快，變得熱情高漲。

另一方面，向下社會比較則是「我腦袋很差」、「反正我就是醜」等，透過貶低自己來奉承對方。由於並不是打從心底如此認為，換句話說這是**自貶*之謊**，自貶會讓身旁的人感到不愉快，容易導致敗興。

若要說謊，記得別拉低自己，重在捧高對方美好的部分。

小知識　受到稱讚就能發揮力量

人都擁有著希望自己看起來很優異的「自我提升動機」，因此若有人巧妙地抬舉自己美好的部分，心情就會變得很好，得以發揮超出實力的力量。

WORD　自貶：認為自己是很沒價值、拙劣的人。

人際關係之謊
03
解讀對方言詞的深意
軟弱的人不會直接表達情緒

按字面理解 有時也會惹怒他人

前一篇我們提過，**自貶**（▼P133）會惹對方不愉快、失去興致。那若碰到遇事就會自貶的類型時，又該怎麼跟對方溝通呢？

首先，會說「反正我就是笨」的人，並不真心這麼認為。毋寧說，他們的**自尊高昂**，**與其被別人挑剔缺點，寧願率先批評自己，並在心裡希望別人否定「才不是這樣呢」**。這是在採取跟欲求完全相反的言行，屬於一種**反向作用**（▼P48）。

因此，若回答「確實是這樣呢！」，就會狠狠傷害對方的自尊。雖說如此，就算全盤否定，

解讀對方語言背後的真意

眼前的這個人，心底真正在想些什麼，相信有時會讓人感到迷惘。
讓我們以幾個句子為例，介紹解讀真意的方法。

1 碰到事情就說「反正我就是～」的人

這是本文中介紹過的自貶型。他們其實擁有強烈的自信和自尊，很希望聽別人說「才沒有那回事呢」。

反正我就是不美
我才沒有那麼差呢

2 一被人提醒，就拿「對不起」道歉的人

不想承認自己有錯。想盡快道歉使對方閉嘴，不讓自己被責備。

對不起我馬上改
我都道歉了，應該不會再罵了吧

3 連絡不到戀人就生氣「你跑去哪了」的人

這是強烈不安的寫照。正因認為「自己不知道什麼時候會被拋棄」，而超出限度地責備對方。

我都打過幾次電話了！
不要拋棄我……

自貶型的人，有時會說出跟真正欲求完全相反的話，
重要的是解讀對方言詞背後的真意，予以適切應對。

「哪有，你很聰明喔」，也只會被解讀為場面話而已。

首先，讓我們先說「沒這回事」，予以否定吧。接著再從其他角度給予鼓勵，效果就會很好。例如若有人自卑著「我工作總是處理得太慢」，可以回覆「這不就表示你工作做得很用心嗎」；說著「反正我就是不可愛」的人，則可回覆「你溫柔又謙虛，非常棒喔」等等。

小知識 「很溫柔」是句萬能的話

被說「你很溫柔」，沒有人會因此生氣。雖然背後有時也隱藏著「天真」、「不果斷」等等否定性意味，這句話仍是各種時候都適用的萬能稱讚句，不妨好好活用吧！

人際關係之謊 04

激發對方能力的說謊方式

為了呼應期待而展現能力

我們第一場比賽就要對上冠軍候選隊H學園耶
真的嗎？運氣好差喔……
教練，你有沒有什麼建議呀
我也當過冠軍隊的教練，不過……
我們隊伍是有史以來最強的一隊
照著平常練習好好發揮，一定會贏！
說的也是啦
我們一定可以辦得到
好好加油吧！
M高中打敗勁敵H學園！

受到稱讚的小孩學力會成長

當人受到稱讚，任誰都會想回應期待，決心加倍努力。

美國教育心理學家**羅森塔爾**（Robert Rosenthal）曾透過實驗，證明「受到期待的孩子會產生幹勁，學習實力會成長」。

此實驗讓一個小學班級全體參加智能測驗，並在考試過後，由班導告知未來學力將大有發展的學生名單。此時老師所說的，其實是**隨機挑選的學生名單，然而在之後的考試中，這批孩子的成績卻比其他學生進步更多**。換句話說，因為班導給予了「這些孩子很有希望」的期待，才催生

WORD 畢馬龍效應（Pygmalion Effect）：雙親和老師的期待能使孩子成績變好的心理效應。當然，受到期待就會拿出幹勁的不只小孩，大人也是一樣。

心理檔案 ⑪

讓孩子衍生出更多「幹勁」的稱讚方法

實驗 心理學家卡蘿．杜維克（Carol S. Dweck）以400位小學生為對象，請他們挑戰簡單的拼圖，想研究怎樣稱讚孩子更能培養幹勁。

1 將孩子們分成A組和B組，用「腦袋很好」稱讚A組的能力，並用「方法很不錯」稱讚B組解決問題的過程。

2 讓A組跟B組的孩子們選擇「簡單的拼圖」和「困難的拼圖」。

結果 才能受到稱讚的A組，多半都選擇了「簡單的拼圖」，解決問題的過程受到稱讚的B組，則多半選擇了「困難的拼圖」。

由此可知，比起才能受到稱讚，努力的作為受到稱讚的孩子，會願意面對更困難的挑戰。

出這樣的結果。

這被稱為**畢馬龍效應**＊，不僅對孩子，也能應用到大人身上。「我很期待喔」、「你其實是很能幹的人」，**持續這類發言，就能激發出幹勁**。

另外還有一種類似的思維，就是因地位和職業等而受到默默期待的**角色期望**＊。被大大拔擢成社長的年輕人，就算剛開始沒有把握，也會漸漸具備「社長樣」，這種現象就是角色期望的一例。

小知識　小心泥人效應

跟畢馬龍效應相反，當雙親、教師對孩子抱持著負面印象，就會減損孩子的幹勁。這稱為「泥人效應」（Golem effect），名稱取自不具意志的泥人（golem）。

WORD　角色期望：面對他人，會期待看見跟社會立場或關係內角色相應的舉止。如醫師、警官、上司與下屬、夫妻等。

人際關係之謊 05

「你是最棒的」的特別待遇

「特別待遇」可以有效激發實力

你怎麼啦
有點沒精神～
之前
分配到的計畫，
對我來說
太沉重了……
山田君，
我是覺得你辦得到
才委託你的喔
拍拍
原來是這樣啊……
我會努力看看!!
課長
很期待
我的成果
真放心
課長說只有我
能交付了，
所以我要盡力！

擁有特別感可以滿足自我表現欲

人會因為受到稱讚而發展得更好。除此之外，若能受到**特別待遇**，還能加倍提升動力，激發出高於原有能力的力量，這就稱為**霍桑效應**＊。

一個好的領袖，會用「你的話一定沒問題」、「因為是你才願意交付」等等話語，來讓對方感覺「只有自己被視為特別」。**獲得認同的快感，會使人「想要更努力來回應期待」**。

在擁有高度**自我表現欲**（▼P34）、期待備受矚目的人，或者覺得自己似乎沒有獲得正確評價的人身上，霍桑效應的效果尤

WORD 霍桑效應：指為了回應期待，能力跟著增加。在美國霍桑工廠舉行的實驗中，發現上司對勞動者加強關懷，可以提升生產效率，因而得名。

用「特別待遇」提升成果的手法

人受到「只有你」的特別待遇時，會感受到快感。
只要好好運用，還可能激發出一個人的未知能力。

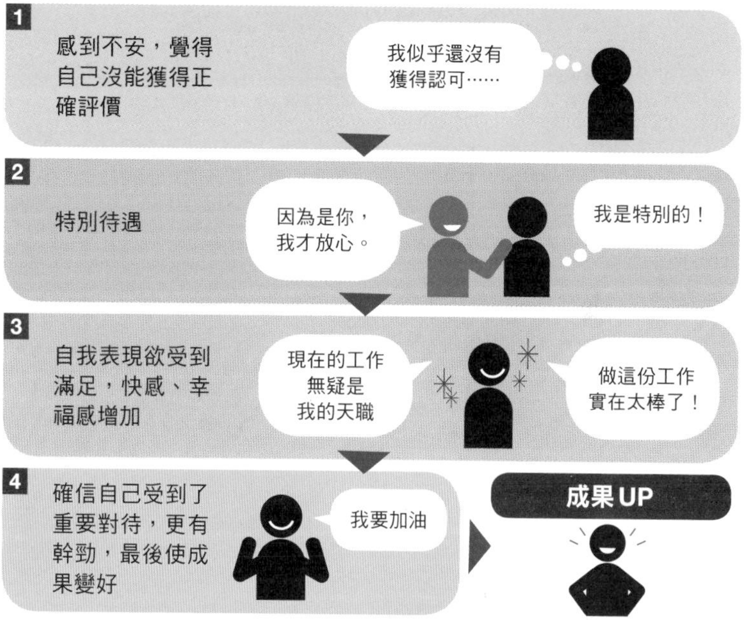
1
感到不安，覺得自己沒能獲得正確評價
我似乎還沒有獲得認可……
2
特別待遇
因為是你，我才放心。
我是特別的！
3
自我表現欲受到滿足，快感、幸福感增加
現在的工作無疑是我的天職
做這份工作實在太棒了！
4
確信自己受到了重要對待，更有幹勁，最後使成果變好
我要加油
成果 UP

其顯著。不過，自我表現欲過強的人若是受到稱讚，有時也可能會得意忘形，對旁人賣弄自己的力量，反倒招致反感，導致評價變差，因此要多注意。

另外，當特別待遇過了頭，有些人也會覺得有壓力。這類人大多都很擔心遭到他人嫉妒，因此訣竅是別在人前稱讚，要私下搭話。

小知識　稱讚時要叫名字

在出言稱讚之際，如「不愧是○○」、「我就知道○○你一定辦得到」等，叫出名字也是很重要的。除了能夠傳達你的好意，還能讓對方感到備受重視，提升對於你的好感度。

人際關係之謊
06
「沒有討厭的人」的謊言效果
想被喜歡就得主動喜歡上

桂子，房間好像有點髒耶
很、很抱歉 我馬上拿吸塵器來
桂子，今天燉菜的味道好像太濃了吧？
我、我以後會注意
如果我媽對妳很嘮叨，要不要我去跟她溝通一下？
她對我說那麼多，也代表她很重視我
反而可以幫上我的忙呢
隔天
桂子，我買了泡芙，要不要一起吃？
好喔，一起吃吧
CAKE

想被喜歡 就能讓人際關係好轉

「我沒有任何討厭的人」，聽到有人這樣說，你會怎麼想呢？或許會感到相當可疑，覺得應該有些內情。不過，**就算是在說謊，刻意展現「想要喜歡每個人」的態度，倒真的可以拓展良好的人際關係**。

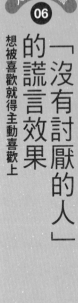

舉例而言，假設你對某人做出了善意評價。對方聽聞此事，當然不會覺得不舒服，還會善意看待你的一切。這樣一來，你給對方的評價也會更好。

人從**他人身上獲得利益後，就會想要同等地回報**，這在心理學上稱為**互惠原則***。只要遵循

心理檔案 ⑫

獲得善意就會想報答這份心意

實驗 向某位男性出示美女照片，說明「這是接下來會跟你講電話的人」；對另一位男性，則出示相貌平凡的女性照片。接著分析他們講電話時的聊天樣態。

這是接下來
會跟你講電話的人
美女照片
相貌平凡的女性照片

結果 結果發現，比起號稱相貌平凡的女性，男性對於號稱美女的女性，在應對時更謹慎、也更溫柔。

➡出示給男性的女性照片並不是真的，男性卻因相信「對方是美女」而抱持著善意，為了被對方喜歡，而與該女性熱絡談話。

➡被講電話的男性當成美女的女性，由於感受到男性的熱情與善意，想要回報這份心意，也拿出了善意回應。

雙方未曾謀面，僅僅透過電話對談，男性卻積極地向女性表達善意。這份善意最後發揮了互惠的效益，使得女性的應對也更具善意。

這個原理，從己身主動展現善意，對方也會回以相同的善意**（善意的互惠）。想要被人喜愛，只要率先表達善意就行了。**

為此，就算一開始是說謊也好，請試著告訴自己「我沒有討厭的人」、「任何人都可以喜歡」。在不斷說著的過程中，就會形成**自我暗示**，使你真正懷抱著善意。

用這招！ 心理技巧

善意開端始於己

若你認為「那傢伙真討厭」、「那人很不親切」等，說不定在最開始的時候，其實是你自己先營造了討厭的氣氛。努力評價對方的優點，主動為善意互惠拉開序幕吧。

WORD 互惠原則：認為從他人手中有獲得什麼就必須回禮的心理。在商業上也受到應用，例如贈送試用品後，便希望客人能購買商品等。

人際關係之謊 07

恭維和社交辭令也是重要的交流

對方會喜歡的事，最好全部都做

新的企劃書完成了
企劃書
這樣呀
我開拓了3間新客戶
這樣呀
課長！名古屋分店的銷售額增加了10％
這樣呀
課長，您今天的衣服真好看呢！
你發現啦？其實這套西裝是訂製的呢……
COFFEE

光靠老實無法成事

在拒絕沒什麼興趣的邀約時，相信很少人會老實表示「我不想去」，用「我已經有約了」等**社交辭令***來敷衍拒絕，才是最普遍的做法。

另外，在招待打高爾夫等場合中，當上司或客戶揮了空桿，也奉承道：「好球好球！」同樣屬於典型的**恭維**。這點程度的恭維雖然很容易看穿，說出來還是比較能避免惹人不開心。

社交辭令和恭維，是為了討人喜歡的一種**迎合行為**（▼P38），嚴格說來就是謊言。雖然這也會帶給人屈於對方的印象，即便知道謊言只是為了場面而

WORD 社交辭令：為了帶給對方好感而用來做做表面的話語。使交涉和睦進行的對話技巧。也稱為應酬話。

4種稱讚方式

稱讚方式有下列4種，
何種稱讚方式較為適切，要視對象跟狀況來判斷。

①相對評價

跟他人比較後做出評價。

你比○○
還要厲害呢

②結果評價

對結果做出評價。

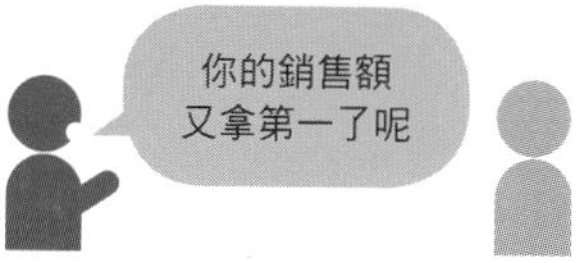
你的銷售額
又拿第一了呢

③絕對評價

不跟他人比較，直接評價當事人的成果。

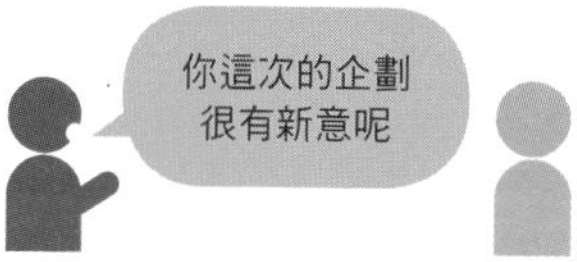
你這次的企劃
很有新意呢

④過程評價

對努力過程做出評價。

○○，你的努力
受到了認可了呢

比起①相對評價，③絕對評價更能產生純粹覺得很厲害的印象，因此稱讚的效果更好。另外，比起②結果評價，④過程評價更能讓人覺得你總是在留意對方，因此能讓對方更開心。另外，②結果評價和④過程評價更容易使被稱讚方提升自信。

說，還是可以討對方歡心，有使人際關係更圓滑的效果。

美國伊利諾大學的**偉恩**，曾以一百多組上司與下屬為對象，研究下屬的何種行為可以討好上司，結果發現比起彬彬有禮、傾力工作，**不論什麼全都稱讚到底，最能受到上司的喜愛**。

雖說是恭維，仍舊不能小看它的效用。試著將之當成一種處世技巧，你覺得怎麼樣呢？

小知識　下屬拍馬屁的心理

有些下屬很會拍馬屁，會被評為唯命是從。他們的言行，實際上經常是出於厭惡上司的反動。像這樣為了維持評價，而拿出違背真心的態度，其實是一種反向作用（▼P48）

圓滑處事的恭維技巧

恭維雖然給人卑躬屈膝、耍小聰明等等負面印象，
只要用得靈巧，這種技巧也能使人際關係更加圓滑。

恭維是出色的溝通工具

恭維是處世時相當有效的溝通工具。不過，太明顯的應酬話說個不停，則稱不上是上策。恭維之詞該如何說，效果才會更好呢？讓我們來介紹幾種技巧。

恭維技巧 1

明確稱讚

能跟〇〇小姐
這種能幹的前
輩一起工作，
真的很開心！

恭維可以讓人覺得「自己是有價值的存在」，滿足自我提升動機（▶P133），因此哪怕是顯而易見的應酬，聽到明確的恭維，還是會對對方抱持好感。

恭維技巧 2

誇張稱讚

讚美時多少也需要誇張一些。例如，別只懂得說「不愧是〇〇」，換成「可以創下金氏世界紀錄了耶」、「應該要公開表揚吧」等等程度的話語，對方的感受會更深。

這比專業廚師
煮的還要好吃！

恭維技巧 3

數度稱讚

不僅恭維，想讓對方留下印象的事情，多說幾次，效果會更好。
透過反覆稱讚，對方也會慢慢當真。這樣一來，稱讚方也會讚美得更加真心。

您剪頭髮啦？
真好看耶
○○小姐
品味真的
很好呢！
那支手錶
好時髦！

恭維技巧 4

邊詢問邊稱讚

我該怎麼樣
才能想出那麼棒的
創意呢？

要讚美上司或前輩，「邊討教邊歌頌」效果最好。舉例而言，「我該怎麼做，才能像課長一樣，這麼擅長談生意呢？請教教我吧」等等，只要若無其事地將讚頌之詞參雜在提問中即可。

恭維技巧 5

稱讚對方在意的地方

例如，對時尚不太有興趣的人，卻去讚美對方的衣著等，稱讚對方不太關切的事情，將很難深入人心。例如「這個點子，應該也只有讀書萬卷的○○才想得出來吧」等，事前了解對方的喜好和興趣等，再去讚嘆那個部分，效果就會很好。

因為是愛看電影的你，
才做得出這種
獨特的企劃

人際關係之謊 08

提升溝通能力的說謊方式

建議說些增進大家心情的謊

控制言行 避免讓對方不愉快

懂得關切他人的人，任誰都會喜歡。之所以能夠這樣，是因為他們總是在判斷著情勢，挑選著當下最適合的態度和遣詞，避免讓對方不愉快。

想培養良好的人際關係就得觀察氣氛，**重要的是在必要之時，要說些能使大家心情變好的謊言**。想成為這種考慮周全的人，建議**提升自我監控能力**＊。

所謂自我監控，是指彷彿透過監控螢幕，監視著自己的言行舉止。這種能力較好的人，**由於能夠迅速解讀情況，不斷客觀檢視自己的行為，因而較不會做出**

WORD 自我監控能力：自行觀察自身的表情、想法、態度和行為。

檢核「自我監控能力」！

這是心理學家史奈德（Mark Snyder）所設計，
用來測試自我監控能力的量表。
請確認你的Yes共有幾項。

		Yes
1	不擅長模仿他人	☐
2	自己不太了解的話題，也能適度配合談論	☐
3	不太會為了引人注意而說些什麼、做些什麼	☐
4	有時會為了給別人留下印象或讓人開心而演戲	☐
5	只說自己真正相信的事	☐
6	按情況和對象不同，有時舉止簡直就像變了個人	☐
7	不擅長超級比一比之類的遊戲、不擅長逃離原先決定好的事情	☐
8	外顯神情跟內心有時並不相同	☐
9	在人前會發窘，無法如預期的樣子展現自己	☐
10	即便討厭的人，也能表現得很親密	☐

奇數項目「Yes」較多的人，是自我監控能力較差的人；偶數項目「Yes」較多的人，則是自我監控能力較佳的人。自我監控傾向偏強的人，能夠經常性地客觀看待自己，較能因應場合採取適切行動。

使他人不悅的言行。

另一方面，自我監控能力較差的人，**就算沒有惡意，也會不管對方的感受，隨心所欲地行動，因此容易被視為「不懂得看場合的人」**（但在某些情況下，也可能被評價為「可以放心信任的人」）。

因應場面自我監控，養成退一步觀察自身行為的習慣，你的溝通能力就會大大升級。

小知識 小心別體貼過了頭

自我監控能力偏高的人，比較不會惹對方不開心；然而過度體貼，有時也會讓自己精疲力盡。在某些場合中，其實也不需要那麼在意氣氛，更重要的是展現個人主張，要記得靈活調整。

人際關係之謊 09

不得罪人，意見又能被接納的方法

光靠誠實無法建立溝通

重視自己 也重視對方感受的表現

在社會生活中，想要避免糾紛、順利行事，就必須配合他人。但若一味如此，卻也會被視為沒有想法的人。在關鍵時刻，也必須將自己的主張傳達給對方。

不去壓抑欲求、對自己反覆說謊；雖說如此，卻也不會帶著攻擊性展現自我，懂得在溝通時彼此尊重，這就稱為「**自我主張***」。具體而言，這種**溝通方式**是指，**在當下採取適宜的方法，確切地呈現出自己的感受、想法和信念，不僅如此，還要促進對方的發言**。

WORD 自我主張：先為自己思考，接著也去考量對方，是溝通技法的一種。目標是在互相尊重的狀態下表現自我。

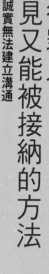

自我主張的3種呈現方法

呈現自我主張的方式，可分成「攻擊／侵略」型、「無主張／非自我主張」型，以及「兩者皆非／自我主張」型等3種。

以在餐廳碰到上錯菜時，3種主張類型的應對為例

1 攻擊型（侵略型）

認為自己的意見優於一切，並容易無視對方的主張。會拚輸贏來決定事物，企圖站在高於對方的位階上。

喂，這跟我點的不一樣吧！

把我點的菜拿來！

→ 要求會被接受，但會使同席者和服務生感到不悅

2 無主張型（非自我主張型）

常以他人為優先，將自己擺到後面順位。由於不夠明確，有時會被解讀成在辯解。無法被當事人理解，會感到很痛恨。

我點的應該不是這個……

沒辦法清楚表達想要換成……

→ 吃不到想吃的東西，且對畏縮的自己也覺得很討厭

3 兩者皆非型（自我主張型）

首先會考量自己，但也不忘體恤對方。就算意見對立，也不會馬上改換自己的意見，會企圖在相互讓步的過程中得出認同的結論。

不好意思，這跟我點的東西不一樣，可以麻煩幫我換一下嗎？

→ 對餐點很滿意，店家也會因為客人開心而感到愉快

舉例而言，用「這樣不對！」全面否定對方的意見就會引發反感。就算是難以認同的意見，也要先予以接納「確實也是會有這種想法」，接著陳述自己的意見「不過……」。

這樣一來，**對方就會覺得自己的意見受到接納，雙方都不必偽裝自我，可以相互表達想法與討論，這將令人感到相當自豪。**若能像這樣，在妥協中交換意見，比起一個人的想法，將更有可能找到具建設性的意見。

用這招！心理技巧

活用客套話

在委託或拒絕之際，在開頭處加上「對您非常不好意思」、「很不湊巧」、「雖然機會難得」等等話語，將能使印象更溫和。這類話語稱為客套話，在商業上經常使用。

說服和委託時會派上用場的討價還價技巧

在說服他人或有事委託之際，
利用讓雙方都能得利、創造更良好關係的謊言，效果將會很好。
讓我們參考商業技巧，介紹以下幾種方式。

商業上經常用到的討價還價技巧

在說服他人或有事相託等時刻，不妨在對話裡加入一些「討價還價」。其中有些東西，乍看之下彷彿是欺騙技倆，其實只是單純的溝通之道，這些是商業上經常用到的技巧。

有個日薪1萬日圓的打工機會，你想做嗎？
我做我做！
抱歉，其實日薪只有5000日圓啦
呃……嗯……，可以喔

說服技巧 1

先提出好條件使對方同意「低飛球法」

為了不被拒絕，一開始先拿出對方容易同意的條件來吸引對方，再逐步增加條件的手法。只要對方覺得「可以」，就會變得很難拒絕。

說服技巧 2

從小要求轉向大要求「得寸進尺法」

先讓對方答應小小的請求，再使對方接受真正請求的手法。一開始就提出麻煩的要求，被拒絕的機率會很高，但若從簡單的事情開始拜託，下一個期望也更容易被接受。

明天的洽談，你可以代替我去嗎？
喔，可以啊
早上7點開始……
……我知道了

說服技巧 3

從大要求轉向小要求「以退為進法」

首先提出不可能的請求，被拒絕後再降低請求等級的方法。對方因為一度拒絕而感到內疚，就更容易接受第 2 次提出的願望。這是商業中經常用到的一種方法，一開始先提出較高估價，接著提出低一些的估價，好讓對方下訂。

說服技巧 4

先拿其他東西襯托「對比效應」

一開始刻意提出對方不感興趣的提案，再提出原先真正目標提案的手法。舉例而言，一開始先拿出昂貴優良的品項（A），接著拿出便宜但很劣質的商品（B），最後再拿出比（A）便宜、品質也還過得去的品項（C），（C）看起來就會相對便宜、優良。

說服技巧 5

想吸引人心也得展現缺點「片面提示」與「雙面提示」

在商品介紹時只提出優點，稱為「片面提示」；提出優點和缺點，則稱為「雙面提示」，據說雙面提示會更有說服力。這是因為，只表現優點感覺起來似乎事有蹊蹺；相對於此，把缺點也展現出來，則能讓人覺得「這個人說話時沒有隱瞞」而更信賴對方。

人際關係之謊 10

活用謊言，在團體中如魚得水

想將旁人化作同伴，就得「識時務為俊傑」

假裝真心配合周遭

就像學校裡有學校風氣、公司裡有公司風氣那般，人總會沾染自身所屬集團的氣息。無論是否意識到，人都會避免單獨脫離群體，而會去配合旁人的行為模式和想法（**同步行為**▼P52）。

有個跟同步行為很像的狀態，叫作**群體心理***。「個體」意識會變得薄弱，並且容易配合他人等，這是群體特有的心理狀態，即便程度有差，任何群體都會存在這種心理。用心融入群體的人，會受到正面評價；另一方面，若跟該群體的價值觀和氣息格格不入，當事人也會感到無地

WORD 群體心理：在群體中形成、群體獨有的心理。容易孕育團結心態、創造合作關係。另一方面，與群體結合也容易興奮，有時會導致判斷能力變差。

群體心理的特徵

群體心理一旦失控，也可能演變成危險的行為。
社會心理學家勒龐（Gustave Le Bon）曾做出以下的分析。

群體心理的特徵①

道德低下

大家一起闖紅燈
就不可怕！

當進到群體之中，個人的道德觀就會變差，容易引發不負責任的行為或衝動行事。

群體心理的特徵②

判斷力鈍化，容易受暗示影響

既然大家都
這麼說了……

與群體相處，容易喪失正確的判斷能力。旁人一引導就容易受到暗示，而那份暗示也更容易擴散。

群體心理的特徵③

思考事物的方式變得單純

總覺得
怪怪的……
……應該
沒事吧！

成為群體中的一分子後，即便是平時深思熟慮的人也會變得武斷，容易感情用事。

群體心理的特徵④

變得容易興奮

我們來
做吧！

就像演唱會、運動賽事等場面中容易看到的，人一旦置身群體，就容易陷入興奮狀態。

群體心理的優點

將群體心理往好的方向發展，就能孕育團結一致的合作關係。一個人不可能辦到的事，也能結合眾力予以實現，帶來更多的快感、成就感。另外，身旁有跟自己想法相同的人，也能產生安全感。

自容，有時會被該群體糾正行為和思考方式，甚至可能遭到排除。找工作時的面試，面試官也是在判斷一個人是否能理解自家公司的方針、是否能跟其他成員協力工作。若想在群體裡順利發展，**就算違背真心也要「識時務為俊傑」，這才是上策**。

但群體心理也可能造成暴動、霸凌等負面事態，若能正面發揮，一體感與團隊感將能帶來一個人所無法達到的巨大成就，孕育出強烈羈絆與健全組織。

小知識　主人說白就是白

所謂識時務為俊傑，意思是追隨有力量的人才是上策。在英語中也有類似的俗語，「主人說牛白，傭人不可說牛黑」。

人際關係之謊 11

出人頭地的第一步，從模仿上司做起

運用討喜技巧來博得好感

喜歡上與自己相似的人是萬眾共通的道理

人傾向**喜歡上跟自己相像的人**，這個稱為**類似原則**。舉例而言，哪怕是初次見面的人，只要具有相同興趣或者來自同鄉，就會湧現親近感，這就是此原則的效應。

另外，模仿對方的舉止和神情，則稱為**鏡像**＊和**模仿**＊，這是心理師在跟患者建立信任關係時，會使用的一種技巧。

曾經有一個實驗，要求兩位初次見面的受試者彼此談話，並調查受試者對於會對跟自己做出類似動作，還是並非如此的人抱持好感。結果是對前者較容易產

WORD 鏡像（mirroring）：在無意識間模仿抱持好感的對象之動作、舉止。心理師等職業的人在建立信任關係時，有時會刻意模仿對方說話。

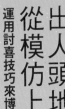

心理檔案 13

人會喜歡上模仿自己的人

實驗 紐約大學的查特蘭（Tanya Chartrand）要求4名受試者分成2人一組，進行15分鐘的對話，並指示某組內的其中一人模仿對方的姿勢，另一組則不給指示，來調查各自對彼此的好感程度。

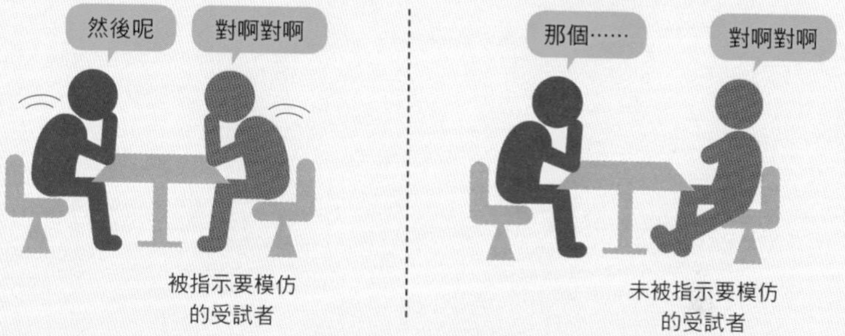
然後呢
對啊對啊
那個……
對啊對啊
被指示要模仿的受試者
未被指示要模仿的受試者

結果 接受指示模仿對方的受試者，博得了另一方73%的好感。另一方面，未被指示要模仿對方的受試者，則只得到另一方65%的好感。

有好感
普通

生好感，且對方也會發現這份好感。換句話說，**只要有意識地運用類似原則，就有可能受人喜歡或獲得信任**。

如果你很想出人頭地，第一步不妨先試著**徹底模仿上司的說話方式和動作**。語言學家**福克**指出，**下屬是否模仿上司，會影響晉升前途**。另外，雖說是模仿，也不應為了討對方歡心而勉強**同步**，重在將自己投入仿效。

用這招！ 心理技巧

步調一致的「同步」(pacing)

諮商心理師跟患者間的信任關係比什麼都重要。不僅對方的舉止和神情，連說話方式和呼吸步調都去配合的「同步」手法，也經常被使用，這可以在短時間內有效建立信任關係。

WORD 模仿（modeling）：以對象物為範本，仿效其動作和行為。

人際關係之謊 12

讓人光看外表就覺得「很能幹」的方法

改變外觀，也能增進形象!?

外觀跟評價有著深切關係

美國心理學家福利斯等人的團隊，對2047名取得MBA（企管碩士）學位的人做了問卷調查，發現他們的**年收入跟外觀優劣有著關係。就算能力相當，只要能透過外觀給予良好的印象，就容易獲得更高的評價**。這也就是說，只要靈巧運用包括時尚、妝容、穿在身上的服裝、小物品等來**改變外觀，你給人的印象也可以產生變化**。

若想迅速改造印象，也可以改換衣服的顏色來變動外觀。舉例而言，看起來好像不太可靠的人，**穿上偏黑的服裝，就容易營**

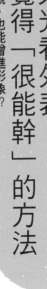

顏色所帶有的形象與特徵

顏色會帶有多數人的共通印象。
只要充分活用，或許也能幫助你改變印象。

	形象		特徵
紅	活力、熱情、興奮、生命力、成長		強烈自我主張的醒目色。讓人感覺溫暖的顏色。在表現自己或想讓自己提起精神等時刻，都有很好的效果。
藍	爽快感、信任感、抑制、冷靜		鎮定心神、抑制情感的顏色。在想表現踏實感、希望一對一溝通順利進行時，會有很好的效果。
黃	知性、希望、喜悅、明亮		能鼓舞精神的顏色，這也是能刺激左腦、提升智力的顏色，能夠增進理解力、記憶力、判斷力。在想為人帶來歡樂時很有效果。
黑	神秘性、權威、強度、拒絕、高級感		讓人感受高級感、壓力、權力的顏色。在想彰顯權威時很有效果。另一方面，也有將周遭顏色襯托得更鮮豔的效果。
白	清潔、清爽、健康、出發、信任感、純真		令人感受潔淨感、新鮮感，容光煥發的顏色。在開始新事物或跟人初次會面時穿在身上，效果將會很好。

造能幹的形象。另外，紅色系能讓人感覺到生命力與成長，**在想表現自我等時刻，在某處加進紅色，效果將會很好**。相反地，如果不想因選錯顏色而失敗，**具有清潔感和信任感的藍色系，不論什麼場合都能放心使用**。

就像這樣，光是活用顏色的性質來改變外觀，就可以補足自己的缺點，帶給人更好的感覺。難以改變內在的人，要不要先試著改變一下外觀呢？

小知識　外觀與人性的關係

外觀美好的人，看起來也容易是個很優秀的人，這是由月暈效應（▼P85）所導致，只要有一項顯眼的長處，其他地方看起來也會很棒。

人際關係之謊 13

倘若不願說謊

「書寫」可以預防謊言

想法瞬息萬變的人就把決定寫下來

在前面篇幅，我們探討了建構良好人際關係所需的謊言。此篇則要特別介紹不說謊的方法。

人一旦將決定說出口，將更容易去實踐（▼P78），而若除了說出來，**還寫到紙上，完成機率就會更高**。

曾有個實驗將受試者分成A、B、C三個組別，詢問他們對於某問題的意見。這個時候，要求A組將意見寫在紙上並署名；要求B組將意見寫在白板上，接著馬上擦掉；至於C組，則要求他們將意見放在腦中。

接著告知所有人，他們原本

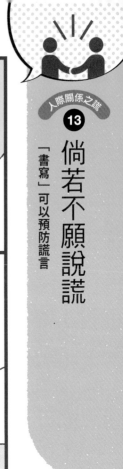

書寫能增強人的信念

光是說出口，就能減少謊言的機率；
若是寫下來甚至署名，
貫徹自身信念的力道，將更能發揮作用。

詢問對於某問題的意見

A組
將自身意見寫成書面，署名後提交

B組
將自身意見寫在白板上，而後馬上擦掉

C組
將自身意見單純放在腦中

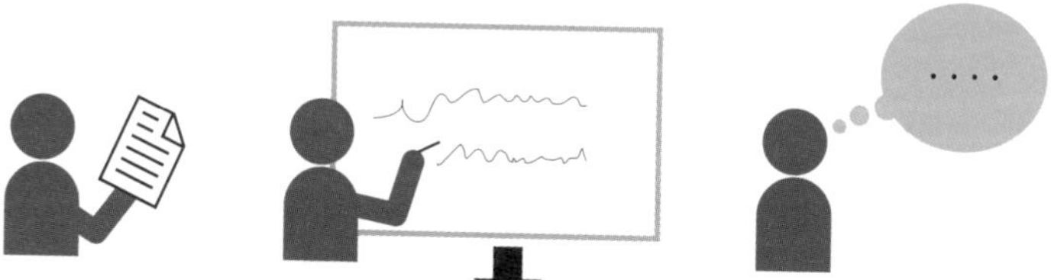

告知受試者，最初表達的內容有誤，再次尋求意見

沒說出口、也沒寫下來的C組，輕而易舉地就推翻了自身的意見；將意見寫在紙上甚至署名的A組，最不願質疑自身的信念。

的意見是有誤的，要求大家再次陳述。最後決定更改意見的人數比例由高至低依序是C、B、A。

由此可知，**將自身意見寫在紙上的人，信念較不容易動搖，也就是寫下來的事情不容易說謊。**

大家常說，若將願望和目標寫在筆記本上，就會更容易實現，其實這是有根據的。無法言出必行、總會三番兩次改變意見的人，**將決定好的事情寫在紙上**，或許會更好。

小知識 戒菸貼紙是有效果的

對周遭的人宣告想戒菸或減肥，會比較容易成功。若想進一步提升成功機率，不妨在紙上大大寫下「戒菸」、「目標減掉○kg」等，貼在顯眼的地方，將能發揮更強大的約束力。

洞察人心！心理測驗 7

謊言被人拆穿時，你會如何應對？

Q 請閱讀以下2段文字，並分別從A、B以及a、b中選出接續的內容，完成這個故事。

太郎實在太想打電動，說謊後從學校早退了。回家路上，住附近的阿姨向他搭話：「已經下課啦？好早呢！」太郎如此回答：

（請從**A**或**B**中選擇後續）

A

「我好像有點感冒。」太郎同時裝出身體很不舒服的樣子。這時，阿姨突然將手放到太郎的額頭上。太郎瞬間有些驚慌失措，不過阿姨說：「好像沒發燒，要好好睡一覺喔。」說完就放太郎走了。

B

「我好像有點感冒。」太郎戰戰兢兢地回答。這時，阿姨突然將手放到太郎的額頭上。太郎嚇了一跳，甩開了阿姨的手，往家的方向狂奔。

太郎回到家後，馬上就開始打電動。媽媽會在傍晚5點回來，在那之前都可以一直打電動。然而，媽媽竟然提早2小時回到家中。「嘎啦」，太郎回神聽見開門聲時，早已經措手不及。「這個時間你在做什麼！」被大聲斥喝的太郎……

（請從**a**或**b**中選擇後續）

a

雖然慌張，卻沒有停止打電動，答道：「媽媽妳才是，今天怎麼這麼早回來？」「媽媽有點事要辦。比起這個，你還繼續在給我打電動！」「現在剛好玩到關鍵的地方啦。我等一下跟妳說明。」在這一來一往的談話中，太郎依舊打著電動。

b

太郎慌張地按下遊戲的暫停鍵。媽媽目光嚇人地走近：「你翹課了嗎？」太郎的腦袋一片空白。

解說➡P188

PART 8

戀愛勝券在握的謊言心理技巧

或許你會認為，保持誠實才是愛的證明，
事實上，謊言和戀愛存在著切也切不斷的關係。
高明地使用謊言，你的戀愛必定會幸福快樂。

戀愛之謊

01

戀愛必有謊言？男人的謊與女人的謊

男女謊言大不同

說謊和拆穿謊言都是女性比較擅長

在談戀愛時，不存在謊言是個理想，但如果珍視對方，有時卻也不得不說謊。不過，**男人的謊和女人的謊，目的及說謊時的態度，其實有著相當大的差異。**

若是男性，雖然很想跟對方好好相處，卻也會基於**虛榮**＊、**利害**等因素，**為了一直站在比對方優異的位階上而說謊**。另一方面，據說女性則是會**為了跟對方保有順遂關係而說謊**。

另外，說謊時的態度也有所不同。心理學家**艾克斯坦**認為，**男性在有所隱瞞之際，目光較容易飄移；相對地，女性則是注視**

WORD 虛榮：在意他人目光，希望看起來比實際上更好。只要是人，都會有想被他人認可的欲求，追求虛榮，也是為了讓自己處於優異位階的一種本能行為。

從蛛絲馬跡看穿戀人的謊

就算當事人想一如往常地談話，說謊時仍會自然露出馬腳。
不妨也試著檢視一下自己喔。

說謊跡象①

談話節奏變慢

……為什麼……
……要做那種事情……

想要說謊，就必須花時間配合談話的條理，因此說話節奏會變慢。「咦？你為什麼要問那種事？」這也是在爭取時間的一種反應。

說謊跡象②

更常說錯話

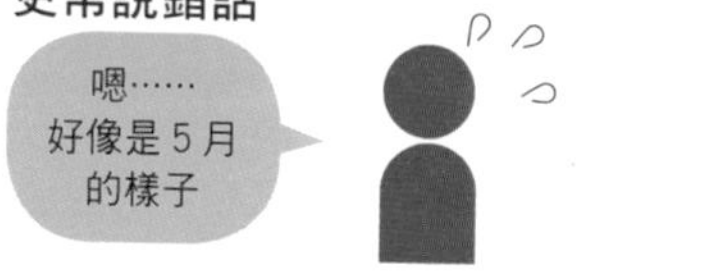
嗯……
好像是5月
的樣子

這是腦袋為了說謊而全面運轉的結果。說錯的部分會變多，有時也會變得發音不清。另外，話語連貫不自然、記憶出錯的部分變多，同樣也要留意。

說謊跡象③

只簡潔講述「事實」

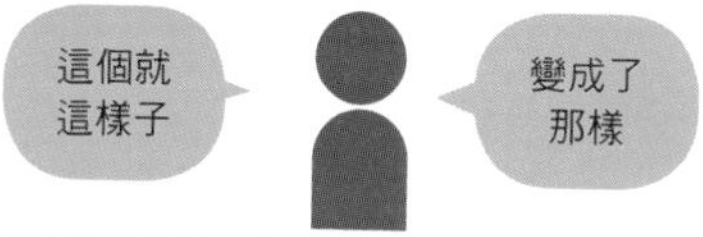
這個就
這樣子
變成了
那樣

平常明明很健談，對事情卻沒有「感想」，這也是說謊時容易產生的態度。要同時對「事實」跟「感想」說謊是很費力的，因此會將所有資源都拿來講述事實。

說謊跡象④

說話過度流暢

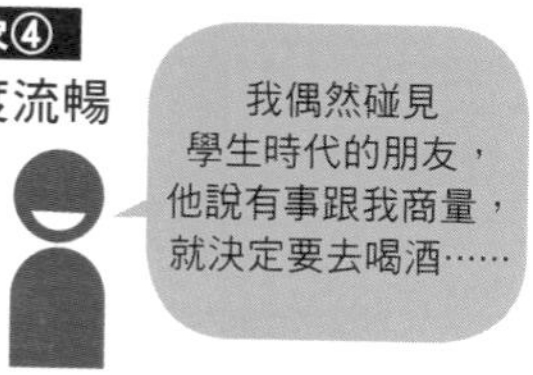
我偶然碰見
學生時代的朋友，
他說有事跟我商量，
就決定要去喝酒……

突然流暢談話也是一種危險訊號。「為了不被懷疑，總之一直說就對了……」出於焦慮，話就會多到超出必須的程度，尤其事前就準備好的謊言，更要小心提防。

對方眼睛的時間會變長。這來自於對說謊一事的決心差距，正因男性無法心安理得地撒謊，因而更難拆穿女性的謊言。

不僅如此，在**拆穿謊言方面也是女性比較擅長**。據說這是因為女性能察覺小嬰兒需求的「直覺能力」相當敏銳。從心理學家**羅森塔爾**的測驗中可以得知，**女性從表情、身體動作等非語言要素解讀對方心理狀態的能力比男性還要強**。

小知識 受騙也是愛

根據美國心理學家基南等人的調查，看穿謊言的能力較強的女性，比起並非如此的女性，有更高的機率沒有戀人或丈夫。想要幸福戀愛，刻意裝出上當的模樣也是很重要的。

戀愛之謊 02

被胸中的小鹿亂撞所騙

錯將緊張、興奮狀態視為戀愛

哈
呼呼
哈
哈
木村小姐，妳狀況不錯喔
對、對啊!!
哈哈
那請繼續保持喔
微笑
哈
哈
哈
奇怪？我好像喜歡上他了
心跳得亂糟糟的

那份悸動是戀愛？還是興奮!?

「跟對方對上眼就心兒怦怦跳」、「在對方身旁就心臟狂跳」……放眼古今中外，人們都說戀愛來自悸動，但另一方面，人類因刺激體驗或運動等，而陷入生理興奮狀態之際，有時會**錯將胸中的跳動，誤會成戀愛情感的小鹿亂撞**。

這就是人稱的**戀愛吊橋效應***，由加拿大心理學家**達頓**（Donald Dutton）和**艾倫**（Arthur Aron）所提出。

跟某人共享心跳個不停的狀況（跨越高空吊橋等），彼此的戀愛就容易萌芽。

WORD 吊橋效應：在跨越搖晃不定的吊橋之時，將生理上的心跳加速，錯當成戀愛情感導致的小鹿亂撞。

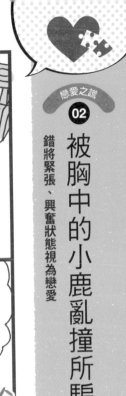

在戀愛中進一步活用吊橋效應的技巧

在日常生活中活用吊橋效應，
試著在對方生理上會心跳加速的情境裡，加點小心機吧。

何謂戀愛吊橋實驗？

以18～25歲的單身男性為對象，在會搖晃、不會搖晃的兩座吊橋上進行實驗。女性都會在橋中央搭話，並要求男性日後聯絡，在搖晃吊橋上的男性，幾乎都主動聯絡了。

不穩定的吊橋

加劇小鹿亂撞的心理技巧

- 試膽
- 恐怖電影
- 鬼屋
- 雲霄飛車等尖叫型遊樂設施
- 登山
- 運動期間（健身房、馬拉松、跳舞等）
- 觀賞運動賽事
- 在公司或學校一起被某人責怪
- 一起做小小的惡作劇……等

其他能引發「吊橋效應」的情境

- 站在左側：人類的心臟位於左側，因此跟在意的對象講話時，要站在左側。
- 有效利用酒類：酒精有增加心跳次數的效用。
- 在暗處約會：黑暗容易提升親密程度（▶P180）
- 一起笑：腦內快樂物質多巴胺的產生，讓人容易墜入情網。
- 共享祕密：小事情、微不足道的事情也不要緊，要跟對方共享祕密。

實驗中是利用了不穩定的吊橋，但包括恐怖電影、雲霄飛車、高難度運動、登山等都是容易產生吊橋效應的情境。

若想讓在意的對象萌生情愫，試著鎖定吊橋效應也不失為一個方法。儘管是誤會所導致的虛假心動，但既然戀情可以萌芽，還是要運用一下。

另外，吊橋效應**不僅可以創造戀愛契機，也是化解千篇一律的有效方法**。

小知識　戀愛少不了刺激

就算好不容易開始交往了，老套約會仍可能成為破局原因。想讓戀情長長久久，不妨試著兩個人一起去嘗試此篇所介紹的，能造成吊橋效應的新事物或刺激性事物。

戀愛之謊 03

裝作偶然相遇是戀情上軌道的第一步

單純見面也能提升好感度

不斷偶然邂逅就會誤以為是命中註定

戀愛的第一步源自「邂逅」，在同個職場或班級自不待言，光是搭電車時碰面好幾次，也會在無意識間縮短心靈的距離（**單純曝光效應＊**）。不僅如此，**單純曝光的次數愈是增加，換句話說碰面的機會愈多，對對方的好感度自然也會增加**。

雖說如此，若希望戀情開花結果，就有必要再往前踏出一步。那也就是**佯裝偶然碰見**的心理技巧。舉例而言，在職場或學校裡若有在意的對象，不妨積極創造跟這個人見面的機會。如果曉得對方通勤、上學的時間，就

WORD 單純曝光效應：在不斷跟某人見面的過程中，逐漸對此人產生好感。照片也有相同效果，不限於人，對各式各樣的物體、事情也會產生。

偶然的一致可以提升好感度!?

實驗 心理學家亞伯，利用有著紅、藍按鈕的裝置，對135組成對的大學生進行了以下實驗。

讓成對的男女分別同時按下紅或藍的按鈕，並統計按下相同按鈕的次數。

不過，此裝置其實事先動了手腳，不論學生們實際按下的是哪個按鈕，都會變成安排好的結果：「10次裡有8次一致」以及「10次裡僅有2次一致」。

結果

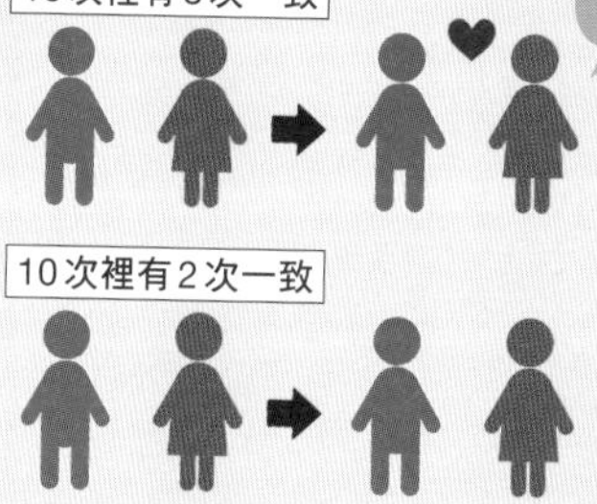

10次裡有8次一致：有7成以上的組別，都回答「下次實驗也想跟這個人同組」

10次裡有2次一致：僅有不到6成的組別，回答下次還想同組

結果顯示，偶然重合能讓人對對方萌生特別的情感。偶然的一致具有使對方產生好感的效果。

配合著那個時間點行動，**佯裝偶然相遇，增加見面的機會**。

在見過幾次面、記住了長相之後，對方也會開始覺得，**這接二連三的偶然，或許具有某種意義**。他／她將會慢慢感到，**偶然相遇彷彿是命運的牽引，是一件必然的事**。

這樣的心理機制，稱為**歸因**＊。「偶然」這回事，會更讓人覺得「兩人之間必定有某種緣分」。

小知識 將偶然想成「命運」

有了喜歡的人，有時會認為「這個人是註定好的對象」，這也是歸因的機制在運作。一而再、再而三的偶然，會為對方帶來「或許是命運」的心理效果。

WORD 歸因（attribution）：面對發生在自己身旁的各種事件和行為等，想去尋求其原因所在。

戀愛之謊

04

配合對方喜好的戀愛技巧

戀愛初期很有效果的「印象管理」

我想請你幫忙派對的前置準備
妳好像很擅長做菜？
沒有耶，我完全不會
不好意思～
做菜超麻煩的啊
擅長做菜的女生，很加分對吧
我也喜歡會做菜的
原來小義這樣想啊……
COFFEE
派對當天
來，請盡量吃
哇喔～
妳不是不太會做菜嗎？
哪有這種事，我最擅長了

人會為了受到喜愛而去配合對方的喜好

有些人每當換了戀人，就會改變打扮、甚至是換髮型，這乍看之下，彷彿很沒有自己的主見，其實在所有人的內心深處，都潛藏著這種心理。

碰見有魅力的人，就會想跟對方產生戀愛關係，這是無論男女都極其自然的事。此時會浮現的問題，就是該如何從朋友升級成戀人。在這個時候，我們會頻繁進行**印象操作***，**配合對方的理想型展現自己**，試圖抓住對方的心。

舉例而言，平常沒在聽古典樂的人會開始聆聽莫札特；曾宣

WORD 印象操作：為了帶給對方良好的印象，而主動去配合對方的喜好。只有對希望獲得好感的對象，才會進行印象操作。

建立對方會喜歡的個人形象

實驗

1 事前調查美國的女學生，「喜歡傳統家庭？」或「喜歡追求職涯？」接著，對回答「追求職涯」的女學生說明：「此實驗會請妳們閱讀男性的人物簡介，產生第一印象，再請妳們跟對方見面，確認有幾分正確。」

追求職涯

▼

2 男性的簡介中提到「身高183㎝，普林斯頓大學3年級，興趣是兜風跟運動。想要尋覓戀人」，並寫到「理想型是談吐溫和、顧家、能夠支持丈夫的女性」。

理想女性要很顧家

▼

3 接著，要求女學生們填寫調查表，以將自身資訊傳達給男性。在該調查表上，也跟事前調查一樣，加入了「喜歡傳統家庭？」或「喜歡追求職涯？」的項目。

調查表
喜歡傳統家庭？
喜歡追求職涯？

結果

多數女學生都違背事前調查的答案，表示「自己是傳統式女性」。為了配合對方喜好，進行了印象操作。

傳統家庭！

倘若男性的資訊是「三流大學、身高很矮、對兜風和運動都沒興趣、已經有戀人」，受試者便不會配合對方的喜好。印象操作只會對想吸引的對象執行。

言要畢生當個上班族的女性，會突然跑去烹飪教室學做菜等，這都是在**配合對方的喜好，期待對方會產生好感**。

在戀愛的初期階段，想建立有好感的關係，這種作戰是非常有效的。在心理學上，我們可以用**認知平衡理論***予以解釋，**面對擁有相同興趣，或對共同事物抱有關切的對象，人會更容易抱持好感**。自己去配合對方的喜好，同樣是靈活運用謊言的戀愛技巧之一。

小知識 自己也很重要

「興趣嗜好很相像」、「講話投機」等等都是發展戀愛的關鍵。但要使好感持久長存，重要的並不是「近似數＝有幾項相合」，而是「近似度＝有多麼相合」，光說謊是不會長久的。

WORD 認知平衡理論：面對狀態異於己想的事物，人會希望能取得平衡。舉例而言，喜歡的人愛聽的音樂，就覺得自己無疑也會喜歡而試圖實際愛上。

戀愛之謊 05

用傲嬌抓住對方的心

狀似討厭會使對方燃起愛火

因為喜歡所以擺架子這份反差很有效

平常總是怒氣衝天，等到兩人獨處時，卻突然開始撒嬌。平常既獨立、奮力工作且可靠的人，在某個瞬間，突然選擇依賴自己。這類具有反差的態度，稱為**傲嬌**。心理學上也已經證明，傲嬌其實可以發揮效用，讓喜歡的人注意到你。

心理學家**阿隆松**和**林德**（Aronson & Linder），曾透過**好感的讚賞．批判實驗***指出，比起從最初一貫對自己展現好感的對象，**曾經討厭過自己的對象，突然給予正面評價，更能使自己對其好感激增**。

WORD 好感的讚賞．批判實驗：經證實，人對他人的好惡印象，會因對方對自己的評價而改變。最初的評價其實無傷大雅，在最終獲得好評價時，才會決定對評價者的好感。

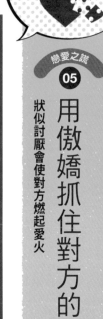

心理檔案 ⑯

傲嬌也是展現自己的一種方式

實驗

心理學家阿隆松和林德，請受試者和評價者面對面地進行7次間歇性的簡短談話，每一次都請評價者從（A～D）4種模式當中，挑選出「對受試者的評價」。接著再根據此評價結果，調查「受試者對評價者的好感程度」。

結果

A 一開始給予負評（－），從中途開始給予好評（＋）

➡受試者會對評價者產生大量好感（＋＋）

B 從最初到最後給予一貫的好評（＋）

➡受試者會對評價者產生好感（＋）

C 從最初到最後給予一貫的負評（－）

➡受試者會對評價者產生嫌惡感（－）

D 一開始給予好評（＋），從中途開始給予負評（－）

➡受試者會對評價者產生大量嫌惡感（－－）

由此可知，比起「從最初就給予一貫好評」的評價者，受試者對於「最初給予負評，從中途開始改變評價」的評價者，會產生更大程度的好感。

換句話說，如果希望在意的對象留意自己，與其從一開始就坦承「喜歡！」**不妨先藏起戀慕之心，刻意擺擺架子、態度冷酷，效果將會更好。**接著在對方覺得「該不會被討厭了吧？」的不安時刻，再坦承「其實很喜歡你」。

對對方而言，這會是意想不到的驚喜，這份意外性，正是傲嬌的效果所在。**比起直接告白，對方肯定會對你流露強烈數倍的好感。**

小知識 傲嬌的反例

日本有句俗語說：「愈是深愛，愈是恨之入骨」。被喜愛的人背叛時，原本的好感愈是強烈，憎恨也會相應激烈。這是跟傲嬌相反的情形，要多注意。

從動作舉止判斷對方的好感

「喜歡」的這份心情，就算想要隱藏，也會從動作舉止流瀉出來。
對方對你到底有怎麼樣的感覺呢？
就讓我們一探「動作」、「舉止」背後所帶的意涵。

隱藏於「動作」、「舉止」中的訊息

「在喜歡的人面前，緊張到連話都說不好」，人總會有這樣的煩惱。根據心理學家麥拉賓的研究，相較於談話內容，人更會從對話者的「表情」和「聲調」，判斷對方對自己抱持著何種情感（麥拉賓法則▶P67）。

「眼神接觸」與「認同」、「答腔」的效果

「眼睛」最會直接傾訴心意。雙方眼神接觸，可以透過長長的相互凝視，傳達特殊的心理意涵。

在一般的人際關係之中，每次眼神接觸的時間，基本上約為1秒。想對意中人傳達意義深遠的心意時，凝視5秒以上，效果將會很好。

那也
太辛苦了
咦，好厲害喔

另外，人在談話中所會留意的，還包括認同及答腔。心理學家馬塔拉佐等人透過研究得知，對方的肯定能夠滿足人渴望認同（▶P44）的需求，增進發言量。

在談話時，若你能積極地認同與答腔，對方會談得更加起勁。最後，這就會成為對方印象深刻的約會。

對方抱有好感的舉止

若發現以下的表情和舉止，
對方就有很高的可能性，對你抱持著某些好感。

表情、說話方式

長時間凝視著你

經常對上視線

對談時也凝視著你說話

在你面前經常笑

對話中經常使用第一人稱「我」

認同與答腔，認真傾聽

將你過去說過的話記得很清楚

一定會回答你的發言

向你吐露煩惱和失敗等

詢問你度過假期的方式

在訊息中也有許多正向表達

承諾再小也會遵守

身體

放低單邊肩膀（僅限男性）

在對話中將臉、身體、腳尖向著你

稍微彎腰，探出身子

走路和坐下時，距離很靠近

戀愛之謊 06

能使告白成功的場所是？

放鬆的空間會使情緒高漲

我要在研究班的飲酒會上告白！
好！
問妳!!
我們要不要交往看看？
嘈雜
嘈雜
嘈雜
什麼啦～你在開玩笑吧
日後
風吹起來很舒服呢
就是說啊
我從以前就很喜歡妳了……能不能跟我交往呢？
好的……
成……
成功啦！

愜意的空間會為戀情推波助瀾

包括告白和求婚等，當你希望重要的那個人無論如何都要答出「YES」，**就算預算稍高了些，最好還是要運用氣氛沉靜的酒吧或餐廳**。

這是因為，這類店家為使顧客倍感舒適放鬆，包括菜餚、內裝、照明等，都已經過了考量。而很不可思議的是，**若在這類舒適場域體會到美好氣氛，對同在身旁的對象也會更有好感**。這稱為**好心情效應**＊，在某種程度上，也可以說是被舒適的環境給欺騙了。

舒適的環境，在自家中也能

WORD 好心情效應：指環境對人的心情也會造成影響。待在良好的環境中，人的心情變好，對同行者的好感程度也會提升。

環境會左右人的評價？

實驗 心理學家葛瑞菲特（Griffit）在實驗中請受試者閱讀「某人物」的調查資料，請受試者做出評價。此時準備了室溫及濕度相異的2個房間，藉以比較人在「舒適環境」與「不適環境」中得出的結果。

結果 在環境影響下，給予「某人物」的評價也產生差異。在不適環境中，出現了否定性的評價。

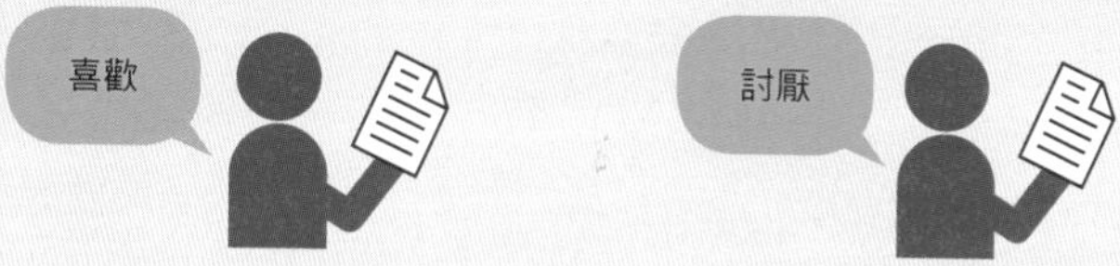

環境會影響人的心情。身處舒適環境，對人的好感度也會增加。

重現。坐起來舒服的沙發、間接照明、香氛的香氣和音樂等，只要配合對方的喜愛，營造出放鬆的空間就可以了。

「在旅程中戀情萌芽」也是一種好心情效應。滑雪場上紛飛的細雪、清澈的藍色大海，美麗的大自然會使心情放鬆，更容易接受戀情的發生。若想對意中人表達心意，**選擇舒適的空間和情境，將是通往成功的捷徑**。

用這招！ 心理技巧

夫妻的膠著關係也有好對策

就算對象不變，身在舒適的場所，好感還是會增強。換句話說，如果情侶或夫妻覺得「最近對彼此無法心動」，來場餐廳約會或旅行，效果還是會很棒，這將是找回悸動的好機會。

戀愛之謊

07

用「遲到」技巧認識對方性格

刻意遲到，一窺對方反應

抱歉～你等很久了？
沒有，我才剛到而已
又遲到了呀
日後
偶爾也讓她等等看吧 不知道她會是什麼反應
哎唷，你竟然遲到了5分鐘！
我今天有想去的地方啦！
喔，好！
快點快點

遲到的人，會使對方從屬自己

大家都說日本人對時間很嚴格，多數人都會稍微提早，在約定時間前抵達。不過**遲到**，其實具有相當重要的心理學效果。

史丹佛大學的殷索爾指出，「不喜歡等人，是因為等待帶有**從屬效應**＊所致」。在等待著誰的期間，就只能待在當場不動。**被迫等候的人，時間受到了遲到者的左右，換句話說心情上就像成了從屬**。

讓我們試著利用這個效應，來確認一下你戀愛對象的性格。首先，跟在意的對象約好見面，到了當天你必須刻意遲到。不用

WORD 從屬效應：「讓人等候者」，藉由行為左右了「等候者」的時間，因而被視為有著較高的價值。因此「讓人等候者」就使「等候者」產生了從屬的效果。

從約定見面認識對方的心理

從碰頭的態度和場所，可以看出對方的心理。

約定時間

A 總是遲到的人

- 豁達、我行我素
- 對對方的考量不周到，有較自我中心的一面
- 拘泥於上下關係、權威性事物

B 總是早到的人

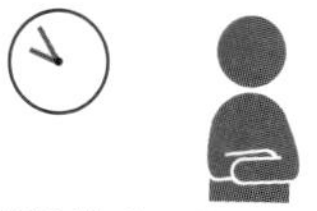

- 不喜歡被時間慌忙追趕、手忙腳亂地做事
- 行動時會放眼未來
- 不想被他人掌握弱點

約定場所

① 約在車站剪票口等醒目位置見面的人

- 性格牢靠。在做簡報和會議間發言時，既有要領又容易理解

② 約在咖啡廳見面的人

- 懂得替人著想
- 不太在意別人遲到

③ 約在約會目的地見面的人

- 重視合理性、不走冤枉路的性格
- 急著得出結論等，有較急躁的一面

說，如果惹對方生氣，將會全盤皆輸，因此在禮貌上，頂多只能遲到5分鐘左右。即便只有這種程度，讓對方等待的你，也就站在左右對方行動的立場上了。這個時候，再來看看對方有何反應。如果對方彷彿沒事一般，**原諒了你的遲到，就表示是願意讓你帶領的類型**。相反地，**如果對方看起來有點不開心，則是屬於不擅從屬，希望由自身引領方向的類型**。

> **小知識　遲到後要補償**
>
> 刻意遲到看對方反應，這種做法或許像是在欺騙喜歡的對象。別忘了要好好道歉、補償對方。另外，如果反覆發生，對方也會生氣，要小心留意。

戀愛之謊 08

被美麗吸引的男女心理

營造美男、美女形象來追到異性

井上，有個人希望我能介紹你給她認識，要不要大家一起吃個飯呢？
她很可愛，在公司裡也很受歡迎喔
田中也會去喔
好啊
真是期待呢
這是我朋友惠梨香
惠梨香，這是井上
妳好
你好
哇，好爽朗！
真是可愛！
那兩個人，感覺能成嗎？
我已經事先對他們灌輸美好形象了，絕對沒問題

外表美醜會左右印象

見到異性的時候，人會多麼關切外表呢？根據美國心理學家辛利用「招募戀人私人廣告」所進行的調查，在廣告刊出之際，就算實際上對自己的容貌沒有自信，卻刻意表示「常被說帥氣」、「常被說身材很好」等，**比起完全沒有外觀情報，推銷自己的外在魅力，回信率更會大幅提升**。不論男女，其實都對異性的外表抱持著強烈的關切。「可是等實際見了面，謊言戳破了，對方不就會失望了嗎？」你或許會這樣想，但其實未必如此。人**一旦先入為主覺得貌美，實際見**

重視異性外觀的心理

不論男女，在選擇異性時重視外表的人，
據說大多都是「客觀看待自身，行動時很留意旁人目光」的類型。

重視外觀者的特徵

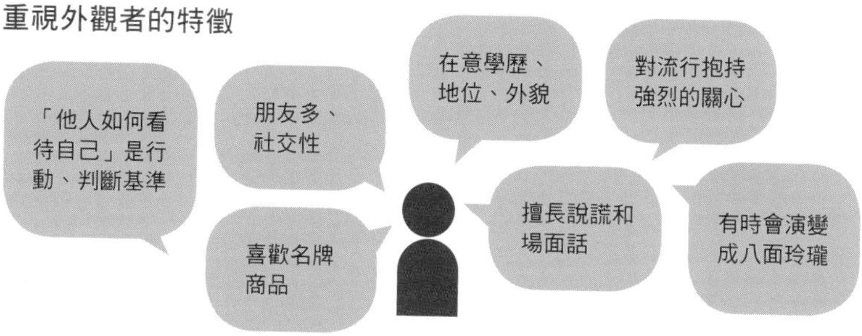
「他人如何看待自己」是行動、判斷基準
朋友多、社交性
在意學歷、地位、外貌
對流行抱持強烈的關心
喜歡名牌商品
擅長說謊和場面話
有時會演變成八面玲瓏

不太重視外觀者的特徵

「自己的感受」是行動、判斷基準
經常單獨行動
對時尚不太堅持
對名牌商品沒有興趣
重視對方的性格
不擅長說謊
有時會被人視為「不懂得變通」

了面也會更容易產生「美」的形象，這稱為**睡眠者效應**＊，如同剛剛提到的私人廣告案例，**只要事先在腦袋裡植入美好的形象，隨著時間經過，唯有這份情報會被強烈記憶，最終當真。**

美好外表的基準，人人各有不同。就算是對長相沒有自信的人，只要能先展現某個自己喜歡的地方，或許對方也會抱有美好的先入為主。

用這招！心理技巧

讓第三人幫忙稱讚

請朋友等第三人傳達好話，睡眠者效應同樣會生效。但如果落差過大，反而會招致反效果，因此若不太有自信，最好還是採用「目光很溫柔」、「笑容很燦爛」等保有想像空間的讚詞會比較保險。

WORD 睡眠者效應：即使是可信度薄弱的情報，隨著時間經過，負面效應會逐漸薄弱，只有留存於記憶中的情報會逐漸增長的現象。

戀愛之謊 09

用安全感孕育愛情

在陰暗不安的空間中，想跟誰在一起的心情會更強烈

喔，電視上好像在播怪談特輯喔
吼～不要啦，很可怕
來看吧、來看吧
不會有事啦！害怕的話就閉上眼睛
嗶
我一個人會睡不著啦
這時從後面出現了……!!
哇啊——！
沒事吧？
好幸運！
哎～有夠可怕
總覺得他有點可靠

在不安的情況下總想有人陪伴

如果希望「跟在意的人變得更親近」，在**不安狀態下給予對方安全感，效果將會很好**。

人是以社會性動物的樣態進化至今，因此擁有「想跟能放心的人待在一起」的基本需求，這在心理學中稱為**親和需求***，心理學家**沙克特**（Stanley Schachter）已透過實驗指出，**在強烈不安與恐懼的狀況下，會激發出更多的親和需求**。

只要靈活運用這種心理，就能縮短兩人之間的距離。舉例而言，**約會時不妨刻意選擇鬼屋、恐怖電影等，會激發不安及恐懼**

WORD 親和需求：跟人待在一起的需求。據說在不安情況下會更強烈。

心理檔案 ⑱

愈是害怕，愈想待在一起！

實驗 心理學家沙克特以大學女生為受試者，告知「這個實驗是要研究電擊所帶來的影響」。此外，在實驗室中有著大規模的電擊裝置，並說明「實驗中會給予強烈的電擊，或許會非常痛，但不會受傷」。

接著說明「準備實驗大約需要10分鐘，請到另一個房間待命」，讓受試者選擇A「跟其他學生待在一起的大房間」或B「單人房」。

結果 有62.5%的女學生都選擇了「A」的大房間。

若是說明「電擊只是癢癢的程度」，要求大房間的比率則為33%。由此可證，感受到強烈恐怖的情形下，想跟他人待在一起的「親和需求」會更高。

感的場合。在對方害怕時緊握住對方的手，當對方在恐怖場景別開臉時，將對方拉向自己……在親和需求高漲的不安狀況下，相信對方也會極其自然地接受**肌膚接觸**。

雖然是刻意準備的情境，若能**給身旁的人帶來安全感**，或許你就會變成對方心目中無可取代的存在。

小知識 不安的長女、獨子

根據心理學家沙克特的實驗，不安狀態下的親和需求，在「長女」或「獨子」身上會表現得尤其強烈。研判這是出生順序導致雙親的育兒差異，對親和需求產生了影響。

戀愛之謊 10

「嶄露笑臉」的說謊效果

「表情」比聲音更能左右印象

戀愛最強的武器就是笑容！

內心興奮，聲音自然就會提高、放大。另一方面，當心裡惴惴不安，聲調也會變低、變小。這是情感透過行為的**表露***，**比起聲音，「表情」更能左右對方產生的印象**。

舉例而言，用沉重神情告白「我喜歡你」，應該很難觸動對方。相反地，若是微微笑著說「討厭你」，對方反而會留下「好感」。除去言詞，透過聲音和表情等途徑傳達心情，就稱為**非語言溝通**（▼P98）。想跟戀人度過歡樂時光，**不使用語言的溝通能力，絕對不可或缺**。

WORD 表露：按照內心的活動，表現出特定的跡象或行為。有時是指對於特定言語和動作等所展現的神情舉止。

從笑的方式窺見心理

就算是在演戲，「笑容」仍能將好感傳達給對方。笑的方式可以看出性格。
鍛鍊由內而外的「笑容」力量，找到屬於你的幸福吧！

A 經常笑

- 心情很放鬆
- 想跟他人好好相處的心情很強烈

B 大聲豪邁地笑

- 不擅長隱藏情感
- 向對方敞開心房

C 抿嘴笑

- 巧妙控制情感
- 有餘裕留意對方和自己的表情

訓練笑容的方法

1. 面對鏡子，橫向銜著筷子，直接輕輕咬住。
2. 保持著嘴巴的形狀，拔掉筷子。
3. 揚起兩邊嘴角，用雙手拉高雙頰
4. 最後提起雙眉

於此之中，戀愛最強的武器就是「**笑容**」。笑容可以直接向對方展現好感，必定會留下良好的印象。感情再怎麼好的情侶都會吵架，但不斷相互指責，則是沒有意義的。**若不想讓事態惡化，就算「陪笑」、「假笑」，也應該要露出笑容。**

嶄露笑顏，就會傳達出「想要好好溝通」、「想讓對方開心」的心情，對方也會因而願意回應，使雙方的感情繼續加深。

小知識　笑容多，走得遠

根據一項調查指出，走得長遠的情侶，在跟對方的互動當中，否定態度（諷刺、侮辱等）跟正向態度（笑、稱讚等）相比小於五分之一。

阻礙你戀情的東西是？

Q 你是一個隨機兜售劣質英語對話教材的詐騙銷售員。當你在路上逮到一隻肥羊，準備在咖啡廳裡說明商品的時候，對方的戀人來到了現場，這名戀人認為你相當可疑。假設你們坐在下圖的桌邊，你會不希望對方的戀人坐進A～E的哪個位子呢？

＊若你是男性，請想像你在路上逮到的肥羊是女性；若是女性，則請想像對方是男性。

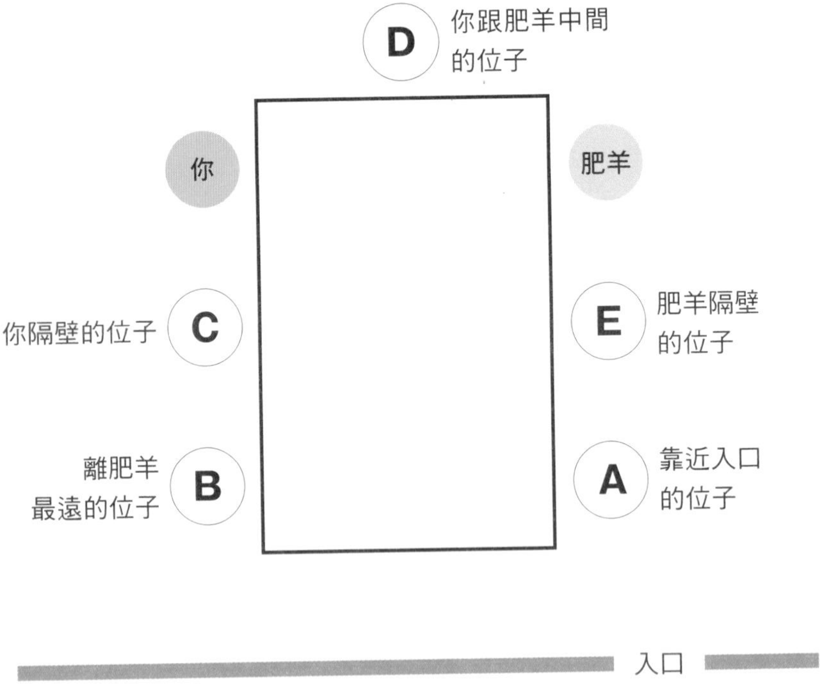

解說➡P188

心理測驗① 測驗你是何種類型的說謊者

潛伏於森林中的食人花，就象徵著你自己。用何種方式吸引人靠近，就代表著你說謊的方式。

●綻放於森林裡的花朵，為了引人靠近……

A 用香氣誘人

➡ 選擇不使用語言的你，相當不擅長說謊。不過，這個類型卻也會使用「不說真話」的謊以及「掩飾事實」的謊。

B 模仿此人喜歡的人的聲音

➡ 選擇模仿聲音這種高度技藝的你，相當擅於說謊。你會打造連細節都編織萬全的謊言，使對方毫不懷疑地上當。

C 靜待人類靠近

➡ 你是固執的老實人，相當憎恨說謊。不過說謊有時也能助人、給予鼓勵，你不妨也學學如何高明地說謊喔。

D 利用蝴蝶吸引人

➡ 仰賴蝴蝶魅力的你，是對自己沒有自信、強烈依賴的性格。當做事失敗被人追討時，你就容易說謊，將責任轉嫁到他人或情勢上頭。

E 唱歌引人靠近

➡ 唱歌引人靠近的你，是會為了炒熱氣氛、增添趣味而說謊的類型。由於有得意忘形的傾向，記得要注意言行。

心理測驗② 測驗你的自我表現欲與喝采渴望

在10個選項中選了幾項，就代表你的自我表現欲和喝采渴望有多強烈。尤其選擇超過6項的人，相當喜歡講究排場，為使自己看起來光鮮亮麗，或許會經常說謊。

研究 自身願望會投射

此測驗是TAT（主題統覺測驗）的應用，透過觀看繪畫，想像過去或未來的故事。觀看者會將自身投射到圖中的男性或女性身上。對地位、頭銜、容貌等愈是堅持，心中覺得「自己也好想這樣」的程度可說就愈高。受到旁人矚目、想被羨慕的想法愈強烈，就愈容易不小心誇張發言或者說謊。

心理測驗 ③ 測驗你的自戀程度

別墅類型代表著自我陶醉，可看出你的自戀程度。

● 你所拍攝的是……

A 顯露木頭質感的別墅

➡ 你擅長從他人的言行舉止判斷對方的心情，自戀程度可說不高。相信你於公於私，都能經營圓滑的人際關係。

B 紅白搭配，顏色強烈對比的別墅

➡ 你具有強烈的自我意識，不僅自信滿滿，自戀程度也是最高等級。有時你也很追求門面，請注意別說出鄙視他人的言論。

C 藍色屋頂、奶油色壁面的別墅

➡ 你選擇了理性色藍色較為顯眼的別墅，是自認能幹的正統派自戀者。你很擅長溝通，但請留意別高舉著正論，將別人逼得無路可退。

D 以粉紅與白為基調，外觀可愛的別墅

➡ 你是浪漫主義者，就算對其他部分沒有自信，在戀愛方面也是相當程度的自戀者。你會自信充沛地接觸異性，但也可能讓對方退避三舍，要好好留意。

心理測驗 ④ 測驗你有多容易被騙

每類皆是畫○項目愈多，愈屬於容易被騙的人。

●你畫了幾個○……

在1～3畫○的人

➡ 你是對麻煩事不具危機意識的類型，認為「自己不可能碰到危險」、「怎麼可能被騙」等。

在4～6畫○的人

➡ 你人很好，是被騙也不太會發現的類型。由於不希望搞壞對方的心情，有時會不小心買下不需要的商品。

在7～9畫○的人

➡ 你屬於被騙時不懂得向他人求助，會一個人承擔的類型。由於自尊心強，不太願意承認受騙，有時可能會愈陷愈深。

研究　容易被騙的人要小心詐騙！

被診斷為容易受騙的人，要記得擦亮眼睛，別被捲入詐騙等麻煩事。若不想蒙受損害，以下幾點就相當重要：①先了解詐騙犯罪的伎倆、②先確認碰到問題可以向何處求助、③不論任何事情，都不要當場決定，而要先跟別人商量。

心理測驗5 測驗你不拿手的情境

想欺騙異性，就得營造戀愛氣氛，想辦法讓對方動情。從你想避開的目標類型，可以看出你所不擅長的場合和情境。

●不想當成騙婚對象的人是……

A 律師型

➡不懂的詞彙在會議中滿天交錯、參加有大量陌生人的派對等，你很不擅長考驗個人知識的場面。想拓展交友關係，也會需要謙虛說出「請教教我」的勇氣。

B 教職員型

➡這個類型很不擅長半句笑話都講不得的氣氛。例如檢討會、安慰情緒低落的友人等，你經常會因嚴肅的場面而操勞。要小心避免愚蠢發言。

C 富人型

➡你不擅長考驗身上物品價值或品味的場合。你不曉得該穿些什麼，有時也會很在意花費的金額而無法盡興。多接觸這些場合，慢慢習慣才是上策。

D 運動型

➡你很不擅長與會者氣氛可能變得險惡的場合。有時不曉得該站在哪一邊，也可能會陷入恐慌。鼓起勇氣居中調停，會獲得更多信任。

E 模特兒型

➡這個類型很不擅長跟感情融洽的團體去打網球或滑雪等。也可能難以配合旁人的氣氛，在團體內受到孤立。就算有些勉強，還是有必要拿出笑容。

心理測驗6 測驗你跟他人來往的方式

A～D群的詞彙，象徵著不同的性格特質和願望。從哪一群圈得比較多，可以看出你在人際關係上的傾向。

●過去做過的夢，留下印象的有……

A 群較多

➡跟人交際廣而淺的類型。待人親切，初次見面也不會有隔閡，另一方面，也有較難將關係加深到「超越朋友」的傾向。或許會因為沒有稱得上好朋友的對象而感到自卑。

B 群較多

➡跟人交際不廣而淺的類型。無法對他人敞開心房，或反過來因過度接近對方而被敬而遠之等，無法恰當掌握距離感。不妨試著反思，跟他人的接觸方式是否出了問題。

C 群較多

➡跟人交際廣而深的類型。能夠毫無顧慮地跟各種年齡、職業、環境的人來往。會主動向對方展露內心，因此對方大多也願意敞開心房。

D 群較多

➡與人交際不廣但深的類型。跟初次見面的人，必須花時間變得親近，一旦建立起信任關係，之後就會加倍地重視這位朋友。比起朋友的數量，更重視跟每個人羈絆的質。

心理測驗⑦ 測驗你欺騙他人的能力

從第一題的選擇，可以得知你的邏輯性；第二題的選擇，則可得知你繼續說服的能量與忍受力。這兩種特質，是說服他人時的必要之物，擅長說服的人，可說也就擅長騙人。

●你所選的組合是……

A＋a ➡ 欺騙能力⇒高：具邏輯性，擁有高度的說服能力，就算碰到想法不一的他人，也會鍥而不捨地說明，讓對方相信你所說的事情。

A＋b ➡ 欺騙能力⇒中上：雖然擅長邏輯性地說服對方，卻很看對象。碰到會將想法強加於人的對象，就會不禁膽怯起來。

B＋a ➡ 欺騙能力⇒中下：你並不是那麼具有邏輯性。不過，你企圖說服對方的能量很強，其實不少人都會被你的熱忱影響，在不知不覺間被你說服。

B＋b ➡ 欺騙能力⇒低：很遺憾，你不太適合騙人。你會搞不清楚自己在說些什麼，一被對方插話就容易退縮。不過，這也不是什麼應該感到羞愧的事。

心理測驗⑧ 測驗妨礙你戀情的人是什麼類型

肥羊的戀人，象徵著你戀愛的情敵。從情敵坐在哪個位置會妨礙你工作的進行，可以看出會對你橫刀奪愛的異性類型。

●你不希望肥羊的戀人坐在……

A 靠近入口的位子

➡ 你的情敵是開朗活潑的類型。由於不會強行蠻幹，也不太懂得隱瞞事情，應該不太需要擔心自己的意中人被搶走。

B 離肥羊最遠的位子

➡ 你的情敵是羞怯型。要是認為對方個性保守就感到放心，意中人也有可能在不知不覺間被搶走，千萬不可大意。

C 你隔壁的位子

➡ 你的情敵是跟自己相似的類型。你們可能會彼此較勁，導致想逃也沒有臺階下。但若能好好談談，對方就會退出戰局。

D 你跟肥羊中間的位子

➡ 你的情敵是冷靜聰明的類型。會用各種手段接近你的意中人，比起拙劣的小手段，用誠意一決勝負會更有效。

E 肥羊隔壁的位子

➡ 你的情敵是相當積極的類型。明明知道你的存在，還會若無其事地邀你的意中人去約會。要經常留意，眼睛別跟丟了。

索引

主要參考文獻

『相手の心を絶対に見抜く心理術―裏の心理を読んで動かすスーパーメソッド19』ゆうきゆう著（海竜社）
『相手の心を絶対にその気にさせる心理術』ゆうきゆう著（海竜社）
「心理学入門―心のしくみがわかると、見方が変わる』ゆうきゆう監修（学研教育出版）
『「なるほど！」とわかるマンガはじめての心理学」』ゆうきゆう著（西東社）『「なるほど！」とわかるマンガはじめての恋愛心理学」ゆうきゆう著（西東社）』
『「なるほど！」とわかるマンガはじめての他人の心理学」ゆうきゆう著（西東社）
『「なるほど！」とわかるマンガはじめての自分の心理学』ゆうきゆう著（西東社）
『嘘とだましの心理学ー戦略的なだましからあたたかい嘘まで』箱田裕司/仁平義明編集（有斐閣）
『人はなぜウソをつくのかー悪いウソを見きわめる心理学』渋谷昌三（KAWADE夢新書）
『平気でうそをつく人たち 虚偽と邪悪の心理学』M・スコット・ペック著/森英明訳（草思社文庫）
『脳は平気で嘘をつく「嘘」と「誤解」の心理学入門』植木理恵著（角川oneテーマ21）
『人間関係がうまくいく図解 嘘の正しい使い方』碓氷真史著（大和出版）
『嘘の見抜き方』若狭勝著（新潮新書）
『アサーショントレーニングーさわやかな<自己表現>のためにー』平木典子著（日本・精神技術研究所）
『心理学小辞典』大山正・藤永保・吉田正昭 共著（有斐閣）
『イラストレート人間関係の心理学」齊藤 勇著（誠信書房）
『ココロのテスト 嘘の深層心理」亜門虹彦（オーイズミ）

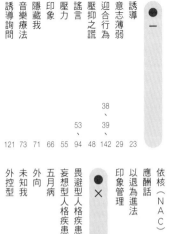

staff list

● 插　　畫———宮野耕治
● 設　　計———鷹觜麻衣子
● 協力執筆———岡林秀明　圓岡志摩　石井榮子　寺田薫
● 協力編輯——— VIEW 企劃有限公司（池上直哉）

國家圖書館出版品預行編目資料

說謊心理學【漫畫圖解版】/ YUUKI YUU 監修；
蕭辰倢譯 . -- 初版 . -- 臺中市：晨星，2019.07
面；　公分 .——（勁草生活；455）

譯自：「なるほど！」とわかる マンガはじめての
嘘の心理学

ISBN 978-986-443-886-0（平裝）

1. 說謊　2. 心理學

177　　　　　　　　　　　　　　108007352

勁草生活 455

說謊心理學【漫畫圖解版】

「なるほど！」とわかる マンガはじめての嘘の心理学

監修	YUUKI YUU
譯者	蕭 辰 倢
編輯	王 韻 絜
封面設計	Lime Design
美術設計	黃 偵 瑜
創辦人	陳 銘 民
發行所	晨星出版有限公司 407台中市西屯區工業30路1號1樓 TEL：04-23595820　FAX：04-23550581 行政院新聞局局版台業字第2500號
法律顧問	陳思成律師
初版	西元2019年7月20日
再版	西元2020年6月20日（二刷）
總經銷	知己圖書股份有限公司 （台北公司）106台北市大安區辛亥路一段30號9樓 TEL：02-23672044 / 23672047　FAX：02-23635741 （台中公司）407台中市西屯區工業30路1號1樓 TEL：04-23595819　FAX：04-23595493 E-mail：service@morningstar.com.tw 網路書店 http://www.morningstar.com.tw
訂購專線	02-23672044
郵政劃撥	15060393（知己圖書股份有限公司）
印刷	上好印刷股份有限公司

歡迎掃描QR CODE
填線上回函

定價320元

ISBN 978-986-443-886-0